無駄なくスピード・クッキング！

冷凍保存節約レシピ

岩﨑啓子

日本文芸社

CONTENTS

PART 1

節約＆スピードアップの使い切りレシピ
冷凍を利用すれば4食分で500円！

PART

2

おいしさと
使い勝手を徹底追求

素材別・冷凍の基本テクニック

肉類

魚介類

野菜

果物

卵／乳製品

大豆製品

穀類

その他

プラスα アドバイス

PART 3

3～15分あれば
出来上がり！

ケース別・冷凍素材で作るクイックレシピ

PART 4

いつでも
すぐに 食べられる

料理のおいしさキープ！冷凍テクニック

主食編

主菜編

副菜編

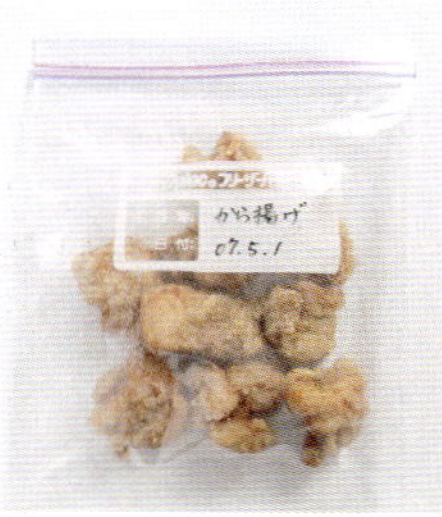

CONTENTS

PART

5

もっとおいしく！
もっと賢く！

冷凍上手になるお役立ちレッスン

この本の使い方

- ●計量スプーンとカップは下記の容量です。
  大さじ＝15mℓ　小さじ＝5mℓ　カップ＝200mℓ
- ●調理時間には解凍・加熱時間は含まれていません。
- ●レシピの中で解凍法を明記してあるもの以外は、PART 2「素材別・冷凍の基本テクニック」の各素材ページにある解凍法を参照してください。
- ●電子レンジの加熱時間は、明記してあるものを除き、500Ｗを基準にしています。400Ｗの場合は20％増、600Ｗの場合は20％減が目安です。ただし、メーカーや機種によって違うことがあるので、状態を確認しながら加熱してください。
- ●PART 1「冷凍を利用すれば４食分で500円！」で使用している素材の値段設定は、スーパーマーケットなどでの最低価格を目安にしています。

PART

1

節約＆スピードアップの使い切りレシピ

冷凍を利用すれば4食分で500円！

セールでまとめ買いをした肉や魚。
結局、使い切れないまま、
無駄にしてしまったことはありませんか。
食材をしっかり使い切るためには
冷凍の段階からひと工夫するのが賢い方法です。
冷凍を上手に利用すれば
下ごしらえもまとめてできるので
ふだんの調理時間も大幅にカットできます。
この章では、１人分５００円の食材を
冷凍アイディアで４食に使い回す
クイックレシピを紹介します。
もう食材を無駄にしない！
家族を待たせずにさっと作れる！
節約＆スピードアップに役立つ
お得なレシピです。

豚ひき肉400gで4品作る

500 使い回しの効く豚ひき肉は冷凍向き。そのまま冷凍するだけでなく、下味をつけたり、肉だんごなどにして冷凍しておけば、時間のないときでも豪華なメインディッシュがすぐ作れます。

1人分
豚ひき肉**100**g
冷凍法 ➡P43

recipe 1 エスニック風春巻

春巻というと手間がかかりそうに思えますが、下味をつけた冷凍ひき肉があればあっという間。きつね色に揚げた春巻を、ピリッとしたエスニック風味のタレでいただきます。

調理時間 **10**分

材料（2人分）

豚ひき肉（下味をつけて冷凍）……………………200g
キクラゲ ………………3枚
春雨（乾燥）……………10g
春巻の皮 ………………4枚
小麦粉、水 ……各小さじ1
揚げ油、プリーツレタス、香菜…………………各適量
にんにく …………1/8かけ
赤唐辛子 ……………1/4本
A ┌ レモン汁、砂糖、ナンプラー …………各小さじ1
　 └ 水 ………………小さじ2

作り方

1 キクラゲは水で戻して千切りにし、春雨は熱湯で戻して食べやすく切ってから、解凍した豚ひき肉に混ぜ合わせる。

2 **1**を春巻の皮に等分に分けて包み、包み終わりに小麦粉と水を混ぜた糊をつけて止める。

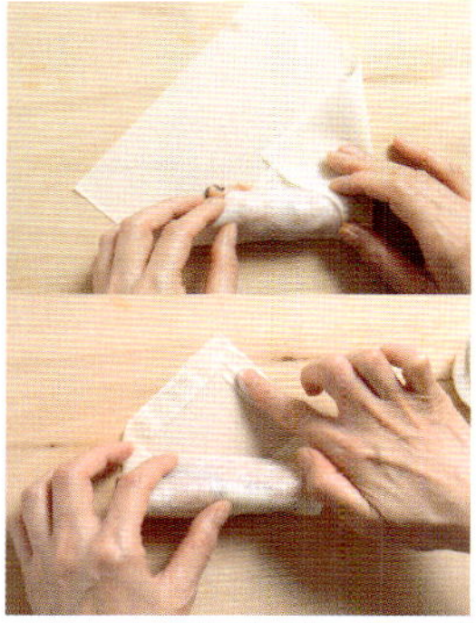

3 油を160度に熱して春巻を入れ、5～6分ゆっくり揚げる。切り分けて、レタス、香菜を添える。

4 にんにくはみじん切り、赤唐辛子は輪切りにし、**A**と混ぜ合わせてタレを作り添える。

recipe

2 キャベツの重ね煮

1人分
豚ひき肉 **100** g
冷凍法 ➔P42

冷凍庫からひき肉を出したら、そのままキャベツといっしょになべに入れるだけという簡単メニュー。豚肉のうまみとキャベツの甘みが何ともいえないコンビネーションです。

調理時間
5分

材料（2人分）

豚ひき肉（冷凍）……200g
キャベツ ………………5枚
しょうが …………1/2かけ
だし汁 …………1/2カップ
酒 …………………大さじ1
塩 ………………小さじ1/3
しょうゆ …………小さじ2

作り方

1 キャベツは芯を取って半分に切り、しょうがは千切りにする。

2 小さめのなべに、キャベツを1/3量敷き、凍ったままのひき肉半量を割り、さらに半分に割ってのせ、しょうがを散らす。そのあと、1/3量のキャベツ、残りのひき肉、しょうが、キャベツと重ね入れる。

3 だし汁と酒、塩、しょうゆを混ぜ入れ、ふたをして沸騰後は弱火にして20分くらい煮る。

4 切り分けて器に盛る。

recipe 3 なすとトマトのマーボー炒め

1人分
豚ひき肉**50**g
冷凍法 ➜P42

調理時間
10分

豚ひき肉は炒めてから塩、コショウして冷凍したものを使っています。ボリュームがあって食欲をそそるメニューですが、野菜をたっぷり使っているのでヘルシーです。

材料（2人分）

豚ひき肉（炒めて冷凍）……………………………100g
なす ……………………3本
トマト ……………………1個
にんにく …………1/2かけ
ねぎ ……………………1/3本
しょうが …………1/2かけ
サラダ油 …………小さじ1
豆板醤 …………小さじ1/3
中華スープの素 小さじ1/4
A 水 ……………1/2カップ
A 酒 ………………大さじ1
A しょうゆ ………大さじ1
片栗粉 …………大さじ1/2
水 …………………大さじ1
ごま油 ……………小さじ1

作り方

1 にんにく、しょうが、ねぎはみじん切り、トマトはヘタを取ってくし形切りにして、ひき肉は半解凍する。

2 なすは乱切りにして、フライパンにサラダ油（分量外）を多めに熱し、炒め揚げのような感じで火を通してからなすを取り出す。

3 **2**のフライパンの油をあけ、サラダ油を熱して、にんにく、しょうが、ねぎ、豆板醤を炒めてから、トマト、ひき肉を加え、**A**と中華スープの素を入れて煮立てる。

4 なすを加えて混ぜ、水溶き片栗粉でとろみをつけてから、ごま油を混ぜ合わせる。

recipe

4 肉だんごと大根、水菜のなべ

1人分
豚ひき肉 **150** g
冷凍法 ➔P43

肉だんごのような調理済みの冷凍素材は、そのまま使えるのでクイックレシピには便利なアイテム。コクのある肉だんごが、さっぱりとした大根と水菜のなべによく合います。

調理時間
8分

材料（2人分）

豚ひき肉（揚げ肉だんごの冷凍）……………………300g
大根 ……………………200g
水菜 ……………………80g
だし昆布 ………………5cm
水 …………………3カップ
酒 …………………大さじ1
みりん …………大さじ1/2
しょうゆ …………小さじ2
塩 ………………小さじ3/4

作り方

1 大根は皮むきで帯状に薄切りにし、水菜は4cm長さに切る。

2 なべに水、だし昆布を入れて火にかけ、沸騰直前に昆布を取り出して、酒、みりん、しょうゆ、塩で味を調える。

3 凍ったままの肉だんごを入れてふたをし、沸騰後弱火にして10分ぐらい煮たら、大根、水菜を加えてさっと煮る。

豚薄切り肉300gで4品作る

500 豚薄切り肉を冷凍するときは、塩コショウ味としょうゆ味の2タイプの下味をつけておくと便利。和洋中どんな料理にもすぐ対応できるので、その日の気分に合わせてレシピが選べます。

1人分
豚薄切り肉 **100** g
冷凍法 ➔P38

recipe
1

重ねカツ

塩コショウした冷凍肉を使った重ねカツ。薄切り肉なので香ばしく揚がって、ふつうのトンカツとはひと味違ったおいしさです。大葉とチーズが肉のうまみを引き立てます。

材料（2人分）

豚ロース薄切り肉（塩コショウして冷凍）	200g
大葉	4枚
スライスチーズ	2枚
小麦粉	適量
卵	1/2個
生パン粉	適量
キャベツ	大1枚

作り方

1 大葉は縦半分に切り、チーズも半分に切る。

2 豚肉は解凍して広げ、大葉、チーズと交互に重ねて、小麦粉、卵、生パン粉をつける。

3 油を160度に熱し、3〜4分ゆっくり揚げ、粗熱が取れたら切り分けて、千切りキャベツと盛り合わせる。

しょうゆ味をつけて冷凍した薄切り肉に、スパイシーな調味料をプラスして串焼きに。ごはんのおかずにもよく合いますが、ビールやワインなどのおつまみにもおすすめです。

1人分
豚薄切り肉 **100** g
冷凍法 ➔**P38**

調理時間
8分

recipe
2 スパイシー串焼き

材料（2人分）

豚ロース薄切り肉（しょうゆ味をつけて冷凍）…200g
にんにく ………………少々
しょうが ………………少々
A
- カレー粉 ……小さじ1/5
- 一味唐辛子 …………少々
- ごま油 ………小さじ1/2
- しょうゆ ………小さじ1

プリーツレタス ………1枚
レモン ………………1/4個

作り方

1 豚肉は解凍し、半分に切って、にんにく、しょうがのすりおろし、**A**を混ぜ合わせる。

2 6等分に分け、串にうねらせながら刺す

3 魚焼きグリル、またはオーブントースターで焼く。

4 器にレタスを敷いて、**3**を盛り、くし形に切ったレモンを添える。

recipe

3 ねぎと豚肉の中華風オムレツ

1人分
豚薄切り肉**50**g
冷凍法 ➜P39

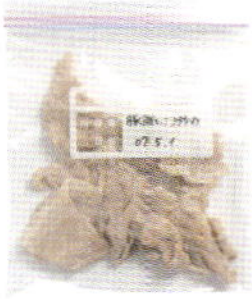

材料（2人分）

豚ロース薄切り肉（炒めて冷凍）…………………100g
ねぎ …………………1/2本
ザーサイ（味付け）……20g
卵 ………………………3個
塩、コショウ ………各少々
酒 …………………小さじ1
サラダ油、ごま油
…………………各小さじ1

調理時間
8分

作り方

1 豚肉は解凍し、ねぎは斜め薄切り、ザーサイは千切りにする。

2 卵を割りほぐし、塩、コショウ、酒、**1**を混ぜ合わせる。

3 フライパンにサラダ油とごま油を熱し、**2**を流し入れて、強火で半熟状になるまで大きく混ぜ、平らにしたら弱火にして、ふたをして固まるまで焼く。ひっくり返して同様に裏面を焼き、切り分ける。

豚肉を入れたボリュームたっぷりのオムレツは、ねぎとザーサイを加えて中華風に仕上げています。具が多いので、小さめのフライパンを使って厚く焼き上げるのがコツ。

この一皿で野菜がたくさんとれるメニューです。青梗菜の淡白な味わい、豚肉のコクに、クリームコーンのほんのりとした甘みがからみ合ってアクセントになっています。

1人分
豚薄切り肉**50**g
冷凍法 ➔P38

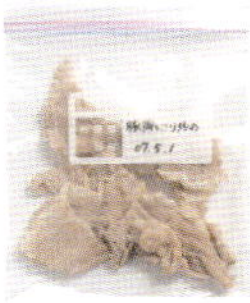

調理時間
10分

recipe
4 豚肉と青梗菜のクリームコーン炒め

材料（2人分）

豚ロース薄切り肉（炒めて冷凍）…………100g
青梗菜 …………………2個
ねぎ …………………1/4本
しめじ …………1/2パック
サラダ油 …………大さじ1
A
- クリームコーン…小1/2缶
- 牛乳 …………1/4カップ
- 塩 ……………小さじ1/6
- コショウ ……………少々
- 酒 ………………小さじ2

片栗粉 …………小さじ1/3
水 …………………小さじ1

作り方

1 青梗菜は葉を1枚ずつはがし、3cm長さの斜め切りにする。ねぎは乱切り、しめじは石突きを切って小房に分け、豚肉は解凍する。

2 フライパンに油を熱し、ねぎ、しめじ、青梗菜を炒め、しんなりしたら豚肉と**A**を加えて炒め合わせ、水溶き片栗粉で軽くとじる。

鶏胸肉3枚で4品作る

500

鶏胸肉は電子レンジで蒸し鶏にして冷凍しておくと、使い回しできて重宝します。ここでは、そのまま冷凍した鶏胸肉を使ったレシピも加え、バラエティに富んだ4品を作ってみました。

1人分
鶏胸肉 **1/2** 枚
冷凍法 ➔P49

recipe 1 蒸し鶏とかぼちゃのマヨチーズ焼き

調理時間 **5**分

調理済みの冷凍素材だからこそできるクイックレシピ。ほかの料理を作る合間に、切って焼くだけで一品出来上がりです。かぼちゃとマヨネーズ＆チーズの相性がピッタリ！

材料（2人分）

- 鶏胸肉（蒸し鶏にして裂いて冷凍）……1枚
- かぼちゃ……200g
- プチトマト……4個
- 塩、コショウ……各少々
- マヨネーズ……大さじ2
- ピザ用チーズ……20g

作り方

1 鶏肉（蒸し鶏）は解凍して、かぼちゃはラップに包み、電子レンジで4分加熱して、一口大の角切りにする。プチトマトはヘタを取り、半分に切る。

2 焼き皿に**1**を入れ、塩、コショウをふったら、マヨネーズを全体にかけて、チーズを散らし、オーブントースターで10分ほど焼く。

recipe

2 鶏肉のエスニック炒め

1人分
鶏胸肉 **1** 枚
冷凍法 ➡P49

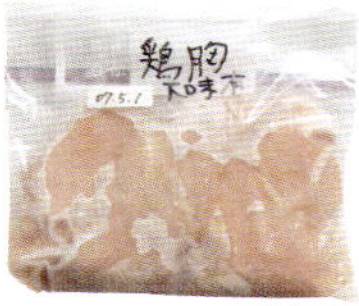

カラフルな鶏肉の炒めものは、下味をつけた鶏胸肉にさらに香辛料を加えて、エスニック風味に。ピリッとしたうまみがからんで、冷凍した肉とは思えないおいしさです。

材料（2人分）

鶏胸肉（そぎ切りで下味をつけて冷凍）……………2枚

A
- しょうが汁 ……小さじ1
- カレー粉 ……小さじ1/4
- オイスターソース …………………小さじ1

にんにく ………………少々
赤唐辛子 ……………1/2本
レモン ………輪切り1切れ
ピーマン ………………1個
パプリカ ……………1/4個
玉ねぎ ………………1/4個
ナンプラー ………小さじ1
サラダ油 …………大さじ1

作り方

1 鶏肉は解凍して、**A**を混ぜ合わせる。

2 にんにくはみじん切り、赤唐辛子は輪切り、レモンは半分に切り、ピーマン、パプリカは千切り、玉ねぎは太めの千切りにする。

3 フライパンにサラダ油を熱し、**1**を入れて両面を焼いて火を通し、赤唐辛子、にんにく、玉ねぎを入れて炒め、香りが出たら、ピーマン、パプリカを加えてサッと炒め、ナンプラー、レモンを入れて炒め合わせる。

蒸し鶏にした冷凍肉をたっぷり入れて、メインディッシュにもなるサラダです。蒸し鶏は大きめに切って、肉のうまみを味わいます。ランチやブランチにおすすめのレシピです。

1人分
鶏胸肉 **1** 枚
冷凍法 ➡P49

recipe
3 和風マリネサラダ

材料（2人分）

- 鶏胸肉（蒸し鶏にして冷凍）…………2枚
- サラダ油 …………大さじ1
- トマト …………1個
- 大葉 …………4枚
- A
  - 練りごま ………大さじ1
  - 練り辛子 ……小さじ1/4
  - しょうゆ、酢 ……………各大さじ1/2
  - 砂糖 …………一つまみ
  - サラダ油 ……大さじ1/2
- レタス …………2枚
- 炒り黒ごま …………少々

作り方

1 鶏肉（蒸し鶏）は解凍し、フライパンにサラダ油を熱して両面を焼きつけたら、一口大に切る。トマトはヘタを取って乱切り、大葉は手で大きめにちぎる。

2 ボウルに**A**を入れて混ぜ合わせ、さらに鶏肉と混ぜたら、トマト、大葉を加えてサックリ混ぜ合わせる。

3 器にレタスを食べやすい大きさにちぎって敷き、**2**を盛りつけて黒ごまをふりかける。

recipe
4 鶏かき揚げ

1人分
鶏胸肉 **1/2** 枚
冷凍法 ➡P49

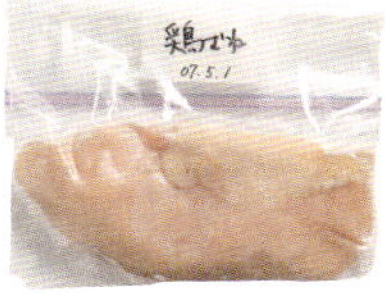

冷凍した鶏胸肉が1枚残っているようなときは、かき揚げにしてみましょう。あり合わせの野菜といっしょに揚げるだけで、2人分のメインディッシュがすぐに作れます。

材料（2人分）

鶏胸肉（冷凍）…………1枚
酒 …………………小さじ1
塩 ………………………少々
しょうが汁 ……小さじ1/2
しょうゆ …………小さじ1
玉ねぎ ………………1/4個
さやいんげん …………20g
コーン（冷凍）……大さじ2
卵 ……………………1/2個
小麦粉 …………1/3カップ
揚げ油 …………………適量
塩 ………………………適量

作り方

1 鶏肉は解凍して小さめのそぎ切りにし、玉ねぎは長さを半分に切って千切り、さやいんげんはヘタを切って2cm長さに切る。コーンは解凍する。

2 鶏肉に酒、塩、しょうが汁、しょうゆを混ぜ合わせる。

3 卵をほぐし、水を加えて1/3カップにしたら、小麦粉を加えてサックリ混ぜ、**2**、玉ねぎ、コーン、さやいんげんを加えてさらに混ぜる。

4 油を170度に熱し、**3**を木べらに一口大の大きさでのせて平らにし、油にすべり入れカラリと揚げて、塩を添える。

いわし6尾で4品作る

500

まとめ買いすることの多いいわしは、冷凍の段階でひと工夫を。手開きして下味をつけたり、ブツ切りやすり身にしておけば、時間のないときでも豪華なメインディッシュが簡単に作れます。

いわしというと地味なイメージがありますが、プチトマトとコンビにするとこんなかわいい料理に変身します。面倒な下処理はすんでいるので、手間いらずで作れるレシピです。

1人分
いわし**2**尾
冷凍法 ➡P57

recipe 1 いわしのイタリアンサンドロースト

調理時間 8分

材料（2人分）

いわし（塩コショウして冷凍）……………………4尾
プチトマト ……………4個
バジルの葉 ……………4枚
にんにく …………1/4かけ
パルメザンチーズ
……………………小さじ2
イタリアンパセリ ……少々

作り方

1 トマトはヘタを取って4枚の輪切りにし、バジルはちぎり、にんにくはみじん切りにする。

2 いわしは解凍して水気をふき取り、片面にバジルとトマトをのせてサンドする。

3 オーブントースターの天板にホイルを敷いてオイルを塗り、いわしを並べて、爪楊枝で数か所止め、にんにく、パルメザンチーズをふりかけて10分くらい焼く。器に盛り、イタリアンパセリを添える。

recipe

2 いわしのねぎ&ごま風味ピカタ

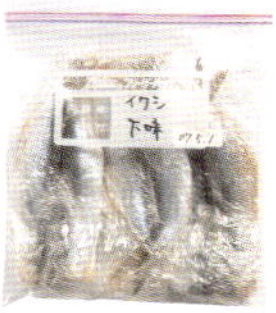

1人分
いわし **1**と**1/2**尾
冷凍法 ➔**P57**

調理時間
7分

手開きしたいわしに、しょうゆと酒、しょうが汁で下味をつけて冷凍。あとは焼くだけでOKの簡単レシピです。ねぎとごまの風味が効いているので、魚の苦手な人でも大丈夫。

材料（2人分）

- いわし（しょうゆ味で冷凍）……3尾
- 小麦粉……適量
- 卵……1個
- 万能ねぎ……2本
- ごま……小さじ2
- サラダ油……小さじ2

作り方

1 いわしは解凍して水気をふき、縦半分に切る。

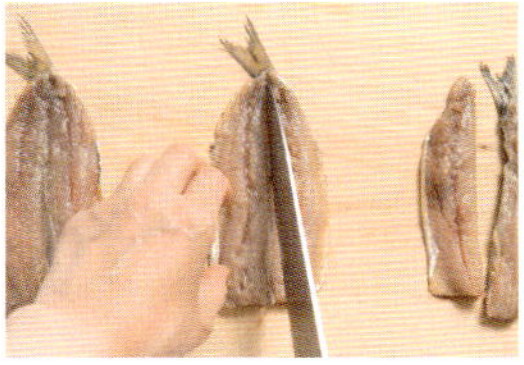

2 卵をほぐし、小口切りにした万能ねぎ、ごまを混ぜ合わせる。

3 フライパンにサラダ油を熱し、**1**に小麦粉を薄く全体につけて**2**をくぐらせ、弱火で両面きつね色に焼く。

recipe

3 いわしの香味炒め煮

いわしはブツ切りにして冷凍しておくと、煮物にすぐ使えるので便利。ここでは、いろいろな香味野菜と豆板醤を使って、炒め煮にしています。お弁当のおかずにもおすすめです。

1人分
いわし**1**尾
冷凍法 ➡**P57**

材料（2人分）

いわし（ブツ切り冷凍） ……………………2尾
しょうゆ …………小さじ1
酒 ………………小さじ1/2
片栗粉 …………小さじ1/2
にんにく …………1/2かけ
しょうが …………1/2かけ
ねぎ …………………1/5本
セロリ ………………1/2本
にんじん ……………40g
豆板醤 …………小さじ1/3
サラダ油 …………小さじ2
A
　トマトケチャップ ……………小さじ1
　しょうゆ ……大さじ1/2
　酢 ………………小さじ1
　水 ……………1/4カップ
ごま油 ……………小さじ1

作り方

1 いわしは解凍して水気をふき、しょうゆ、酒を混ぜてから、さらに片栗粉を混ぜ合わせる。

2 にんにく、しょうが、ねぎはみじん切り、セロリは筋を取って斜め切り、にんじんは短冊切りにする。

3 フライパンにサラダ油を熱し、**1**を入れて両面きつね色に焼いたら、にんにく、しょうが、ねぎを加えて炒め合わせ、豆板醤を加えて炒める。さらに、セロリ、にんじん、**A**を加えて混ぜ、汁気がなくなるまでときどき混ぜながら煮てから、最後にごま油を回し入れて混ぜ合わせる。

自家製さつま揚げのおいしさは格別。すり身を冷凍しておけば、食べたいと思ったときにすぐ作れます。ごぼうの歯ごたえがうれしい、おかずにもおつまみにも合う一品です。

調理時間
8分

recipe
4 いわしとごぼうのさつま揚げ

1人分
いわし **1**と**1/2**尾
冷凍法 ➡P57

材料（2人分）

いわし(すり身にして冷凍)……3尾
ごぼう……40g
揚げ油……適量

作り方

1 いわしのすり身は解凍して、袋の中で混ぜ合わせる。

2 ごぼうはささがきにして水にさらし、水気をしっかり切って、**1**に混ぜ合わせる。

3 油を160度に熱し、木べらに**2**をのせて落とし入れ、きつね色に揚がったら、揚げ終わりは火を強めてカラリと揚げる。

いか3杯で4品作る

500

いかは下ごしらえが面倒なので、ワタを取ってから皮をむいて冷凍しておくのが一番。足の部分はどうしても残りがちですが、上手に利用して無駄なく使い切るようにしましょう。

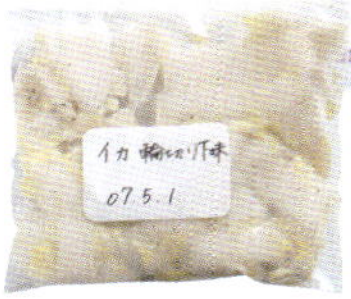

1人分
いか　胴**1**杯分
冷凍法 ➔P61

recipe 1 いかとエリンギのトマト炒め

調理時間 5分

いかの胴を輪切りにしてから、にんにくやオリーブオイルなどで下味をつけて冷凍しています。急な来客があったとき、時間のないときにおすすめしたい超スピード料理です。

材料（2人分）

いかの胴（輪切りで下味をつけて冷凍）…………2杯分
エリンギ　…………1パック
プチトマト……………10個
オリーブオイル　…大さじ1
白ワイン　…………大さじ1
塩、コショウ………各少々

作り方

1 いかは解凍し、エリンギは軸の部分を斜め切りに先は縦に薄切りにし、トマトはヘタを取る。

2 フライパンにオリーブオイルを熱し、いかを入れて炒めたら、エリンギ、トマトを加えて炒め合わせ、最後に白ワインを加えて炒め、塩、コショウで味を調える。

recipe

2 いかのミートソース風スパゲティー

1人分
いか　胴 **1/2** 杯分＋足 **2** 杯分
冷凍法 ➔P61

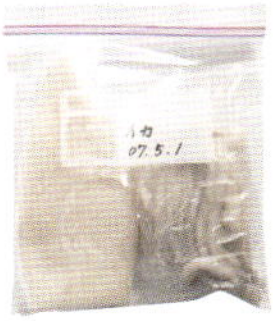

冷凍したいかの胴と足を使ったミートソース風スパゲティーは、肉を使ったものより低カロリー。トマトの酸味が生きてさわやかな味わいなので、休日のブランチなどにどうぞ。

調理時間 10分

材料（2人分）

いかの胴（冷凍）	1杯分
いかの足（冷凍）	4杯分
玉ねぎ	1/4個
にんにく	1/2かけ
セロリ	30g
オリーブオイル	大さじ1
赤唐辛子	1/2本
トマト缶	1缶
ローリエ	1/2枚
塩	小さじ1/2
コショウ	少々
スパゲティー	160g
パセリ	少々

作り方

1 玉ねぎ、にんにく、セロリは筋を取ってみじん切りにし、いかは半解凍し細かく刻む。

2 なべにオリーブオイル、にんにくを入れて火にかけ、香りが出たら、玉ねぎ、セロリを入れて炒め、いか、赤唐辛子を加えてさらに炒める。つぶしたトマト（缶汁ごと）、ローリエ、塩、コショウを加えて混ぜ、沸騰後、弱火で20分ほど煮て、塩、コショウ各少々（分量外）で味を調える。

3 スパゲティーは塩（分量外）を湯に対し1％入れてゆで、水気を切って器に盛り、**2** をかけて、みじん切りのパセリをふる。

recipe

3 いかと豆腐の落とし揚げ

1人分
いか　胴**1/2**杯＋足**1**杯分
冷凍法 ➡P61

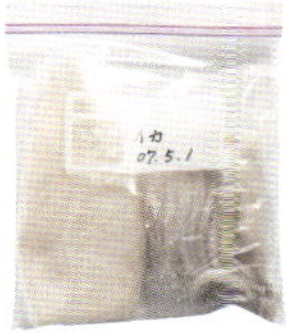

調理時間
8分

豆腐をつなぎにした落とし揚げは、ゲソ独特のうまみが味わえる一品。これで１人いか１杯分の足が使えます。きつね色に揚げて、アツアツのうちにいただきましょう。

材料（2人分）

いかの胴（冷凍）……1杯分
いかの足（冷凍）……2杯分
玉ねぎ ……………1/8個
片栗粉 …………大さじ1/2
木綿豆腐 …200g（2/3丁）
酒 ………………小さじ2
塩 ………………小さじ1/5
しょうゆ ………小さじ1/2
揚げ油 ………………適量
大根おろし……………適量

作り方

1 いかは半解凍してザク切り、玉ねぎはみじん切りにして片栗粉を混ぜ、豆腐はペーパータオルに包み重しをして水気を切る。

2 フードプロセッサーに豆腐、いか、酒、塩、しょうゆを入れて混ぜ合わせたら、ボウルに取り出し、玉ねぎを加えて混ぜる。

3 油を160度に熱し、**2**をスプーンで落とし入れ、きつね色になるまで揚げたら、揚げ終わりは火を強めて温度を上げ、カラリと揚げる。器に盛り、大根おろしを添える。

recipe

4 いかとほうれんそうの オイスターソース炒め

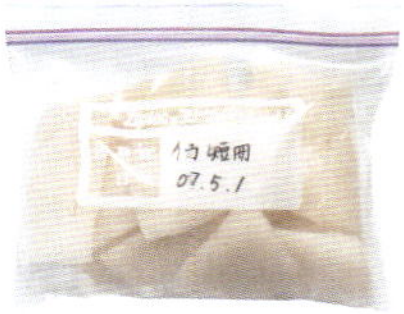

1人分
いか　胴**1**杯
冷凍法 ➔P61

いかの表面に松かさ状に切り目を入れ、短冊切りにして冷凍したものを使っています。解凍したら、あとは、ほうれんそうなどとササッと炒めるだけで出来上がります。

材料（2人分）

いかの胴（短冊切りで下味をつけて冷凍）………2杯分
片栗粉 ……………小さじ2
生しいたけ ……………2枚
ほうれんそう…………100g
ねぎ ……………………1/4本
にんにく …………1/4かけ
サラダ油 …………大さじ1
酒 …………………小さじ2
オイスターソース
…………………大さじ1/2
しょうゆ ………大さじ1/2
コショウ ………………少々
ごま油 …………小さじ1/2

作り方

1 いかは解凍し、生しいたけは4つに切り、ほうれんそうは4cm長さに切り、ねぎは乱切り、にんにくは薄切りにする。

2 いかに片栗粉を混ぜ合わせ、フライパンにサラダ油を熱して、ねぎ、にんにくといっしょに入れて炒め、しいたけ、ほうれんそうを加えてさらに炒める。

3 酒、しょうゆ、コショウを加えて炒め、オイスターソースをなべ肌に入れて炒め合わせ、ごま油を回し入れて混ぜる。

プラスα アドバイス

冷凍ミックス野菜をホームメイドしよう！

彩りがよく、用途も広くて重宝するミックス野菜。いつも市販品では飽きてしまうので、わが家ならではのミックス野菜を作って冷凍してみませんか。何種類か常備しておくと、煮物や炒め物、スープなどの調理も簡単。余った野菜を利用すれば無駄も出ません。

作り方

野菜は切ってからさっとゆでて、水をよく切る。きのこは生のままでＯＫ。冷凍用保存袋に入れ、急速冷凍する。

パターン❶

純和風の取り合わせで根菜ミックス

用途　煮物、炒め煮、けんちん汁、豚汁など

パターン❷

低カロリー＆繊維たっぷりヘルシーミックス

用途　炒め煮、汁物、炊き込みごはんなど

パターン❸

イタリアンにぴったりカラフルミックス

用途　ラタトゥイユ、炒め物、スープ、カレーなど

パターン❹

ビタミンを豊富に含む３色ミックス

用途　シチュー、スープ、サラダ、炒め物など

PART

2

おいしさと
使い勝手を徹底追求

素材別・冷凍の基本テクニック

買ってきた肉や魚、野菜などの食材を
そのまま冷凍室に入れたのでは
まず本来の味と食感をキープできません。
せっかく冷凍したのに
解凍してみたらとても食べられない！
そんな失敗をしないように
冷凍の基本を知っておきたいもの。
素材によって冷凍法やポイントが違うので
ふだんよく使うものについては
ひと通り頭に入れておくと便利です。
この章では、素材のままの冷凍法から、
すぐ使えるようにアレンジした
食材の冷凍法まで
幅広く取り上げているので
毎日の調理にきっと役立つはずです。

旬の節約 食費はダウン、味＆栄養はアップ

フリージング・カレンダー

春

旬の食材は値段が安くて、手に入れやすいうえに、おいしくて栄養もたっぷり。
こんなお得な食材は、その時期に、まとめてフリージングしておくのが賢いやり方です。
季節に合わせて、冷凍するのにおすすめの「旬の食材」をピックアップしてみました。

夏

旬とハウスものの栄養価、どれだけちがうの？

旬のトマトのビタミンCを100とすると、ハウスものは70、旬のキュウリを100とすると、ハウスものは40しか含まれない、というデータがあります。ほうれんそうも、旬の冬に比べると夏のビタミンC含有量は半分以下だそう。いかに、旬の食材の栄養価が高いかがわかります。

秋

旬の節約 フリージング・カレンダー

冬

1月	2月	3月

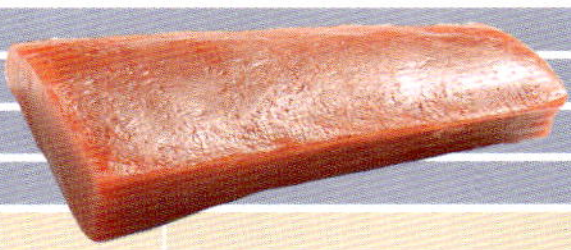

	12～4月
いわし	3～5月と9～11月
	6～8月
	9～11月
さけ	9～2月
	12～2月
くろまぐろ	12～2月
	9～2月
	6～11月
あさり	2～4月
	12～2月
	11～1月
こまつな	11～1月
	10～3月
	11～3月
	9～4月
	5月と9～10月
にら	3～4月
大根	9～11月と12月～2月
	9～10月と12月
はくさい	10～1月
	12～2月
にんじん	11～2月
えのきだけ	11～2月
	9～10月
しいたけ	3～5月と9～11月
	9～11月
山いも	10～3月
ローズマリー	3～12月
	12～2月
	8～10月
	8月中旬～11月中旬

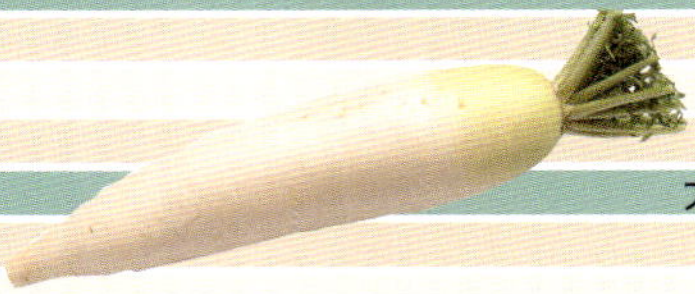

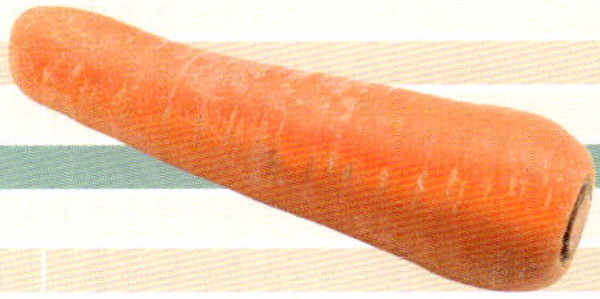

素材の味と食感を生かす 冷凍の基本テクニック

食材のおいしさをキープする冷凍法には、いくつかの決まりごとがあります。基本のテクニックをひと通りマスターすれば、もう失敗することはありません。

テクニック 1 食材の鮮度がよいうちに早めに冷凍する

食材が余ったら冷凍するのではなく、最初から余分な食材を見越して冷凍するのがおすすめ。食材が新鮮なうちに冷凍すれば、ふつうは生の食材とほとんど変わらない味で解凍できます。鮮度の落ちたものを冷凍すれば、解凍してもそれなりの味にしかならないのは当然のこと。冷蔵室でしばらく保存してから冷凍室に移すのではなくて、食材を買ってきたら新鮮なうちに冷凍保存するように心がけましょう。

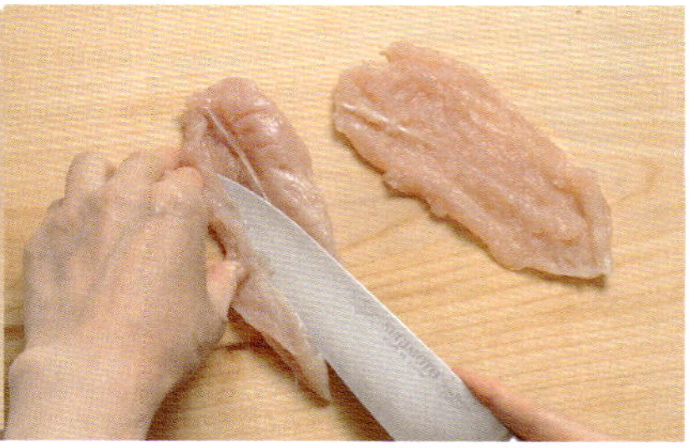

←特に魚介類や肉などの生ものは、鮮度がよいうちに冷凍するのがルール。腹ワタや筋を取るなどの下処理をして、早めに冷凍を。

テクニック 2 時間をかけず、急速に凍らせる

食品をすばやく凍らせると、細胞に含まれる水分が小さな氷になって凍結します。一方、ゆっくり凍らせると大きな氷になるので、細胞が破壊されて風味や食感が低下してしまいます。急速冷凍の機能がある冷蔵庫の場合は、通常よりも温度の低い冷気が吹き出し、一定の時間後に自動的に終了します。この機能のない冷蔵庫の場合は、温度を「強」に設定して急速に凍らせてから、通常温度に戻しましょう。

急速冷凍のコツ

金属製トレイを利用する

アルミなどの金属は熱伝導率が高いため、食材を金属製トレイにのせると速く凍らせることができる。金属製バットや菓子缶のふたなどでも代用できる。

食材は薄くして小分けにする

食材は外側から凍っていくため、厚く大きいものは冷凍に時間がかかる。食材は薄く小分けにするのが基本。1回分の使用量に小分けにしておくと、調理もしやすい。

間隔をあけて「バラ冷凍」に

食材と食材の間をあけずに冷凍すると、凍ったときにくっついてしまうだけでなく、凍るのに時間がかかる。金属製トレイの上に間隔をあけて置く「バラ冷凍」に。

テクニック

3 ラップだけでなく、冷凍用保存袋に入れる

ラップには微細な穴があいているので、これだけで冷凍保存すると乾燥したり、においが移ったりすることがあります。急速冷凍後は、ジッパーのついた冷凍用の保存袋に入れて保存するのが基本。なお、冷凍用保存袋は電子レンジでの解凍が可能ですが、ふつうのジッパーつき保存袋の場合は電子レンジに使用できないので注意してください。

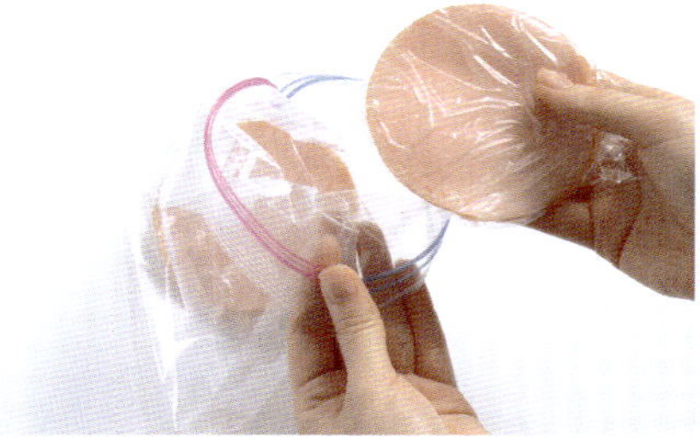

⬅ラップに包んで急速冷凍した食材は冷凍用保存袋に入れてから冷凍保存。タレをからめるものや汁物などは、直接、冷凍用保存袋に入れて急速冷凍する。

テクニック

4 酸化の元凶、空気をシャットアウト

おいしさをキープするための大敵が空気。食材が空気に触れると、酸化して品質が劣化してしまいます。特に肉や魚介類の脂肪は酸化されやすいので、なるべく空気に触れないように冷凍保存すること。冷凍しても空気がある限り、食材の酸化は進みます。必ず密封できる冷凍用保存袋や密閉容器を使用し、空気を十分に抜いてから保存しましょう。

空気の上手な抜き方

冷凍用保存袋にストローを差し込んで、空気を吸い出すという方法もありますが、日常的な冷凍法としてはちょっと面倒です。ここでは手軽にできるコツを紹介します。

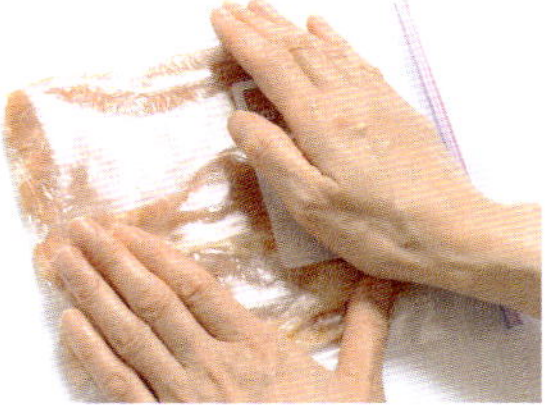

袋の底から口のほうへ空気を押し出す

保存袋の底のほうから口のほうへ手をすべらせて、空気を押し出すようにする。

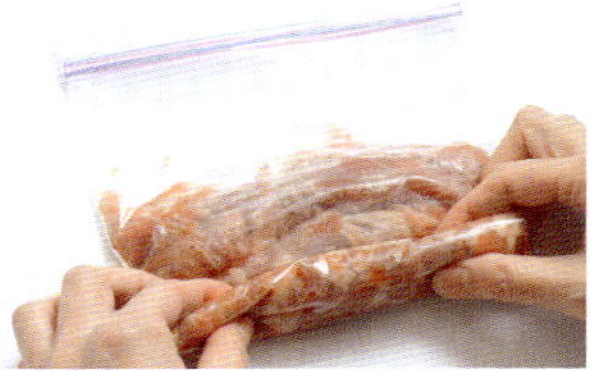

袋を丸めながら空気を抜いていく

薄切り肉やひき肉などは、のり巻のように保存袋を巻きながら空気を抜いていく。

テクニック

5 冷凍した日を記録して、保存期間をチェック

➡P164「ホームフリージングの保存期間は？」

食材は冷凍することによって長期保存できるようになりますが、それにも限界があります。冷凍したからといって安心しないで、ストックの保存期間はきちんとチェックしておきたいもの。冷凍用保存袋や密閉容器には冷凍日や食材名などを書き込んでおいて、早めに使うようにしましょう。冷凍保存できる期間は冷蔵庫や機種などによっても違うので、取扱説明書で確認してください。

⬆保存袋に記入欄があるときは直接、食材の種類と冷凍日を書き込む。ラベルに記入して貼ってもよい。肉の部位名、調理方法（切り方、下味など）、ソースなどの分量も記録しておくと便利。

本来のおいしさを取り戻す 解凍の基本テクニック

いくら上手に冷凍しても、解凍するときに失敗したのでは意味がありません。冷凍素材を元のようにおいしく解凍するための基本を覚えておきましょう。

テクニック 1 生ものは自然解凍がベスト

肉や魚などの生ものの冷凍素材は、冷蔵室に移して自然解凍するのが理想的。少量のものや水分の少ないもの、加工品などは室温で自然解凍してもいいのですが、長時間、そのままにしておくと細菌が繁殖したりする心配があるので、気をつけましょう。急いで自然解凍したいときは、保存袋を密封して流水をあてる方法もありますが、食材に水がふれると風味が落ち、栄養分が損なわれるので注意が必要です。

冷蔵室で自然解凍

肉や魚などを夕食に使うときは、昼のうちに冷蔵室に移して解凍するとよい。冷蔵室の中でも温度が低めのチルドルームで解凍するのがベスト。冷凍用保存袋から出して、ラップをかけたまま解凍する。

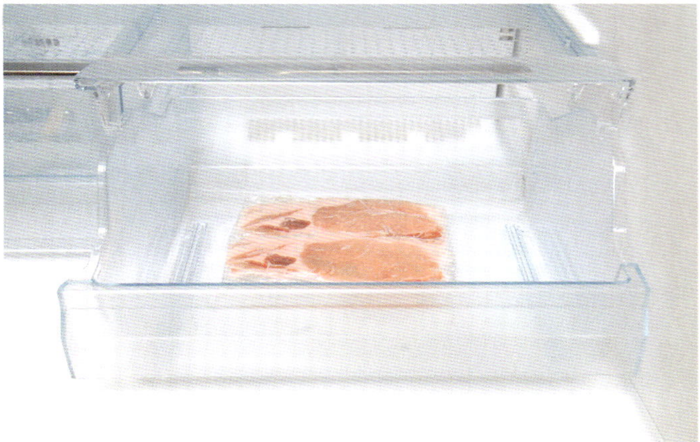

室温で自然解凍

ケーキや和菓子などのように解凍してそのまま食べるものなどは、室温で解凍するとよい。ラップをかけたままで金属製トレイにのせておくと、早く解凍できる。

テクニック 2 急ぎのときは電子レンジ解凍

➡P132
「電子レンジ解凍は加熱ムラに注意！」

時間のないときの解凍には、電子レンジが便利です。解凍モードを利用するか、ふつうの加熱機能を使って解凍する方法があります。どちらの場合も、加熱しすぎないように注意しましょう。特に肉や魚介類などの生ものは、加熱しすぎると取り返しがつかないので、状態を確認しながら少しずつ加熱すること。半解凍くらいまで解凍して、あとは自然に解凍するといいでしょう。

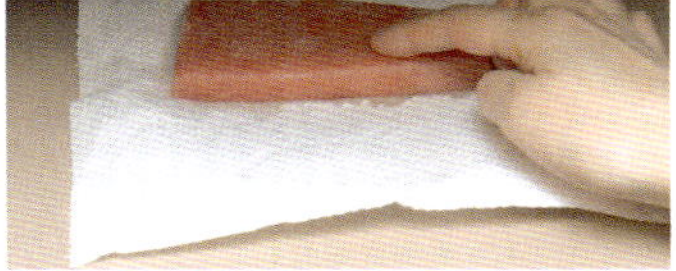

生ものの電子レンジ解凍

肉や魚などの冷凍素材はラップをしないで、じかにペーパータオルにのせて解凍するのが一般的。生解凍モードか低加熱に設定し、加熱しすぎないように様子を見ながら少しずつ解凍していくこと。

テクニック

3 調理済み食品は電子レンジで解凍＆温め

ごはんや料理など、加熱調理した冷凍食材を温めて食べる場合は、電子レンジで解凍と温めを一度に行うのが簡単です。ただ、シチューやカレー、ソース類など、油の多いものを冷凍用保存袋や密閉容器に直接入れて冷凍した場合、電子レンジで解凍から温めまでを行うと、耐熱温度を超えることがあります。電子レンジで解凍したら、耐熱容器に移してから温めるようにしましょう。

しっとり仕上げたいものはラップのままで

ごはんや煮物などのように、しっとりした仕上がりのものは、ラップをかけて加熱する。ただ、最近は、ラップなしでも大丈夫という電子レンジもあるので、取扱説明書で確認を。

カラッと仕上げたいものはラップなしで

フライやコロッケ、天ぷらなどの揚げ物は、ラップをして加熱するとベチャッとしてしまう。耐熱皿にペーパータオルを敷き、その上に冷凍した揚げ物をじかに置いて加熱するといい。

テクニック

4 ブランチングした野菜はゆでて解凍してもOK

水分の多い野菜はそのままでは冷凍に向かないので、ブランチングといって、さっとゆでてから冷凍するのが基本です。ブランチングした野菜は、凍ったまま熱湯でゆでて解凍することもできます。短時間で解凍できるので便利な方法です。ただし、冷凍前に一度、ゆでているので、加熱しすぎないように気をつけること。

やわらかい青菜をゆでて解凍するとき

ほうれんそうのように葉のやわらかい青菜は、特に加熱しすぎないように注意が必要。ひとつのなべで複数の野菜を解凍するときは、カリフラワーなどの煮くずれない野菜を先に入れ、ほうれんそうなどは後から入れるとよい。

解凍したものの再冷凍はＮＧ

一度解凍したものをまた冷凍すると、食品の細胞がさらに破壊されるので、味や食感が大幅に低下してしまいます。また、細菌が繁殖する恐れもあるので、いったん解凍したら必ず使い切るようにしましょう。

テクニック

5 凍ったまま揚げる、煮る、焼く、炒める

冷凍室から出したら、解凍の手間をかけずにすぐ調理に利用できる場合もあります。たとえば加熱したハンバーグは、凍ったままフライパンで焼けばＯＫ。コロッケも凍ったまま揚げられます。冷凍した野菜は煮物や汁物にそのまま入れるだけという手軽さ。ハムやソーセージなども、凍ったまま炒めたり煮たりすることができます。こうした食材をストックしておくと、時間がないときにとても役立ちます。

解凍の手間なしレシピ

食材を凍ったまま調理するレシピのなかでも、いちばん手軽なのが「なべに入れて煮るだけ」の料理。なべを火にかけたら、ほかの調理や家事をしたりできるのがうれしいところ。本書では、凍ったまま調理できる食材だけを使った「煮るだけ」レシピを紹介しているので、ぜひお試しを。

上　さけ雑炊➡**P118**
下　トマトとほうれんそうのマカロニスープ➡**P119**

豚薄切り肉

幅広い料理に活躍する豚薄切り肉は、冷凍しておくととても便利。肉同士がくっつかないように、そのままラップに包んでもOKですが、下味や火を通しておくと、使うときの手間が省けて重宝します。

ラップを間にはさむ

1 肉と肉の間にラップをはさむ

ラップの上に、肉3枚を広げて並べる。ラップをかぶせて、さらに肉3枚を並べて置き、3～4層に重ねる。

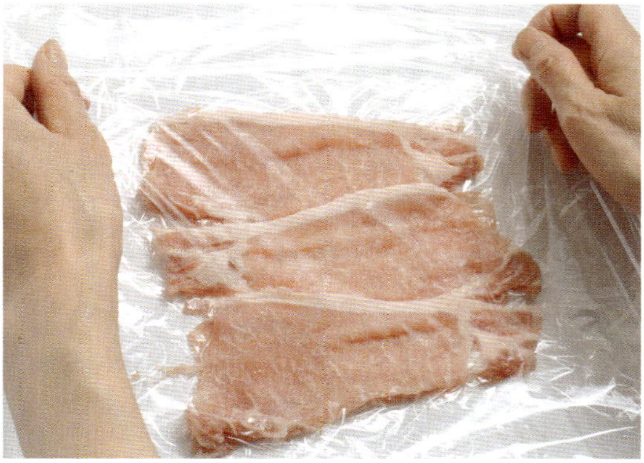

2 ラップで包み、急速冷凍

ラップにぴっちりと包み、金属製トレイにのせて、急速冷凍する。

3 冷凍用保存袋に入れる

完全に凍ったら、冷凍用保存袋に入れ、冷凍保存する。

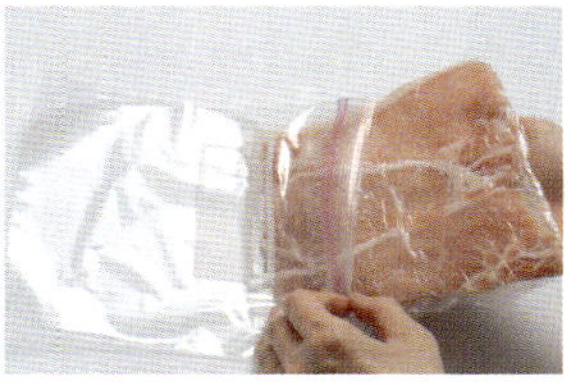

解凍法

冷蔵室で自然解凍、電子レンジ解凍

調理例

豚肉と青梗菜のクリームコーン炒め➡P15

下味をつける

1 2種類の下味をつける

●塩・コショウ

金属製トレイにラップを敷き、塩、コショウをふる。肉を1枚ずつ広げてのせ、上から再度、塩、コショウをする。

●しょうゆだれ

肉200gにつき、しょうゆ小さじ2、みりん小さじ1を加え、混ぜ合わせる。味つけした肉は、ラップを敷いた金属製トレイに1枚ずつ広げて、並べる。

2 急速冷凍してから冷凍用保存袋へ

ラップをかぶせて急速冷凍し、凍ったら、冷凍用保存袋に入れる。

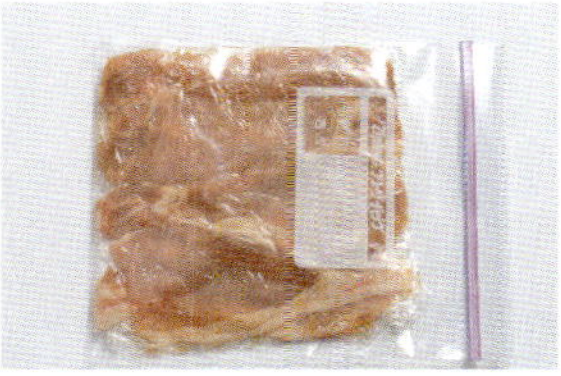

解凍法

冷蔵室で自然解凍、電子レンジ解凍

調理例

塩・コショウ　重ねカツ➡P12
しょうゆだれ　スパイシー串焼き➡P13
生揚げと豚肉のチャンプルー➡P109

ゆでてラップに包む

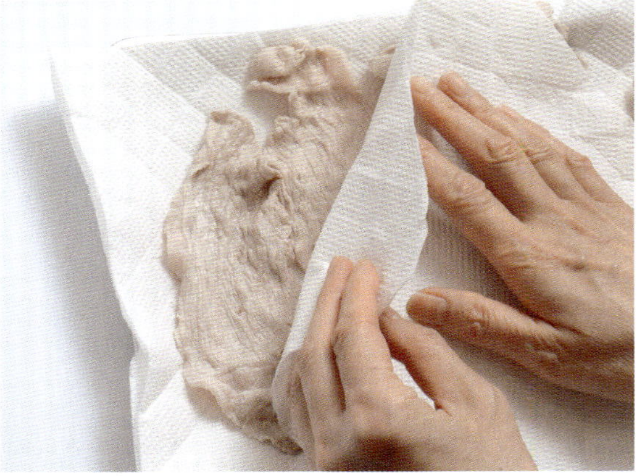

1 ゆでたら、水気をふき取る

沸騰した湯に酒、塩各少々を加え、ゆでる。ゆでた肉は、ペーパータオルで水気をしっかりふき取る。

2 ラップで包み、急速冷凍

肉が冷めたら使いやすい量に分け、平らにしてラップでぴっちり包む。急速冷凍後、冷凍用保存袋に入れる。

切り分けて炒める

1 一口大に切り、炒める

肉は一口大に切る。フライパンにサラダ油を熱して炒め、塩、コショウをする。

2 冷凍用保存袋に入れて、急速冷凍

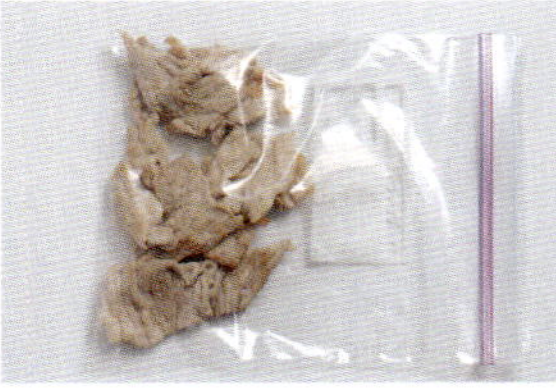

肉が冷めたら、使いやすい量に分けて冷凍用保存袋に入れ、急速冷凍する。

解凍法

冷蔵室で自然解凍、電子レンジ解凍

調理例

ねぎと豚肉の中華風オムレツ➡**P14**

肉巻きにする

※肉巻きは、豚もも薄切り肉で

1 野菜を肉で巻く

さやいんげん40ｇはヘタを取って固めにゆで、パプリカ1/4個は太めの千切りにする。豚もも薄切り肉200ｇに塩、コショウをふり、さやいんげんとパプリカをのせて巻く。

2 金属製トレイで急速冷凍

金属製トレイにラップを敷き、くっつかないように間隔をあけて並べ、ラップをかぶせて急速冷凍する。

3 冷凍用保存袋に入れる

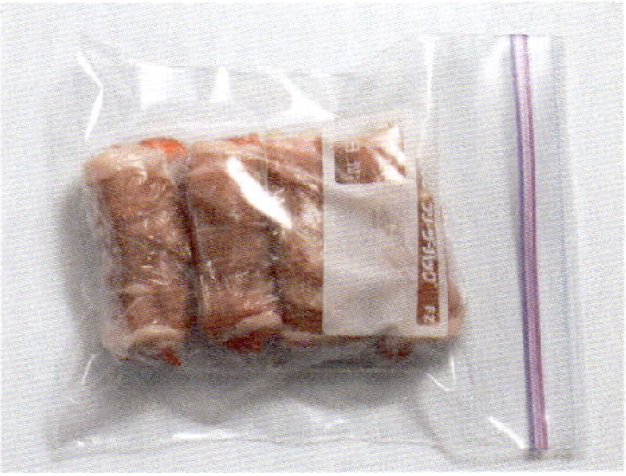

凍ったら、冷凍用保存袋に入れる。

解凍法

冷蔵室で自然解凍、凍ったまま調理

調理例

肉巻き➡**P97**

豚かたまり肉

豚かたまり肉は、一度に使い切れないことがほとんど。使わない分は、冷凍しておくと保存がききます。上手に冷凍するポイントは、使いやすい大きさに切り分けること。冷凍・解凍に時間がかかる丸ごとはNGです。

目的別に切り分ける

1 厚切りと一口大に切り分ける

肉は、厚切りや一口大など、使いやすい大きさに切り分ける。

2 急速冷凍してから冷凍用保存袋へ

厚切りにした肉は、ラップで包み、急速冷凍する。凍ったら、冷凍用保存袋に入れる。➡P44「豚厚切り肉」

一口大に切った肉は、金属製トレイにラップを敷き、くっつかないように間隔をあけて並べる。ラップをかけて急速冷凍し、凍ったら冷凍用保存袋に入れる。

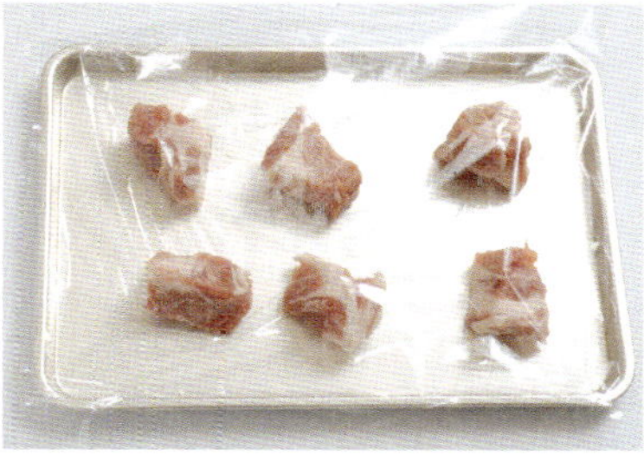

解凍法

冷蔵室で自然解凍、電子レンジ解凍

ゆで豚にする

1 かたまりごとゆでる

豚肩ロースかたまり肉300ｇ、ねぎの青い部分5㎝（表面に切り目を入れる）、しょうが1/2かけ（薄切り）、酒大さじ1をなべに入れ、かぶるくらいの水を入れて煮る。沸騰後、弱火にして40分ほど煮る。

2 食べやすい大きさに切る

冷めたら、好みの大きさに切り、ラップで包む。

3 急速冷凍してから冷凍用保存袋へ

急速冷凍し、凍ったら、冷凍用保存袋に入れる。なお、ゆで汁はスープとして利用できるので、冷凍用保存袋に入れて冷凍しておくといい。➡P91「スープ」

解凍法

冷蔵室で自然解凍、電子レンジ解凍
煮物などは凍ったままでOK

調理例

ゆで豚のイタリアンカツ➡P111
小松菜とゆで豚のエスニックサラダ➡P112

豚こまぎれ肉

煮物や炒め物に、なにかと便利な豚こまぎれ肉。手頃な値段なので、多めに買って冷凍しておくのも手。冷凍するときは、使いやすい分量で小分けし、薄く広げてラップで包むか、下味をつけておくと調理がラクです。

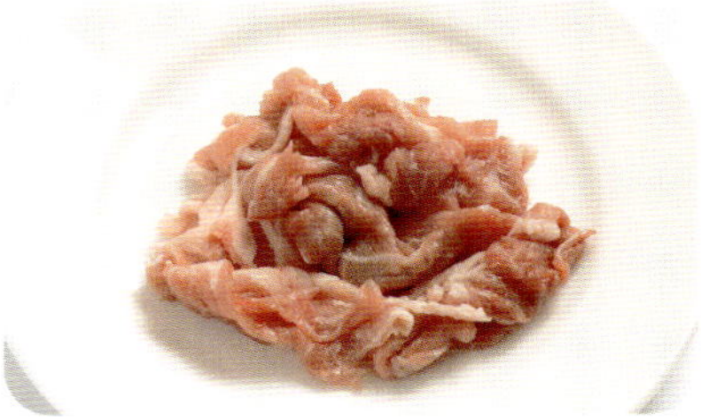

広げてラップで包む

1 薄く平らに広げる

ラップの上に、1回に使う分量程度の肉を置き、箸などを使って、重ならないように薄く平らに広げる。

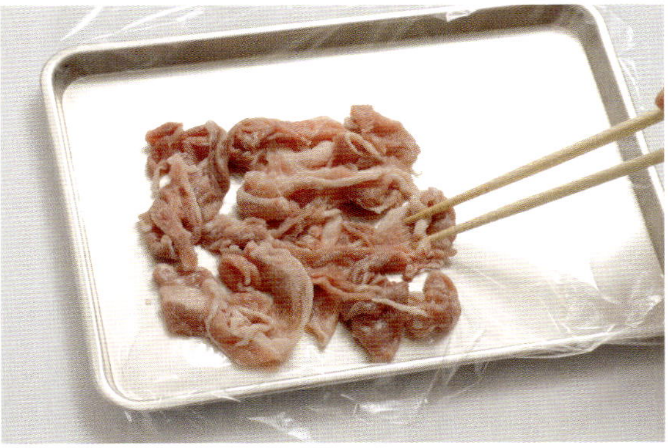

2 ラップで包み、急速冷凍

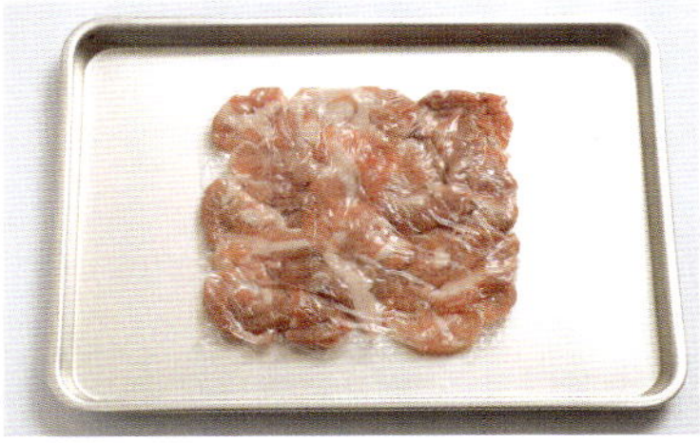

ラップでぴっちりと包み、急速冷凍する。凍ったら、冷凍用保存袋に入れる。

ここに注意！ 生ものを冷凍するときは、手の雑菌がつかないように、箸などを使うのがベスト。直接ふれるときは、手を清潔に洗うのを忘れずに。

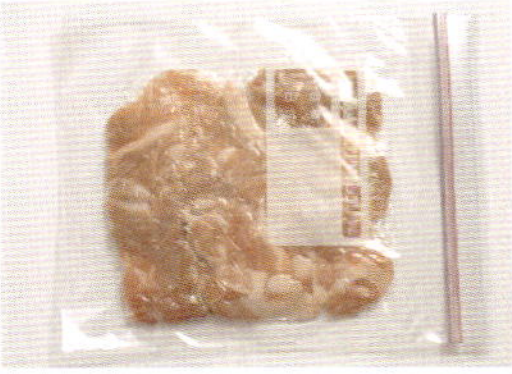

解凍法

冷蔵室で自然解凍、電子レンジ解凍
煮物などは凍ったままでOK

下味をつける

1 調味料を入れてもみ込む

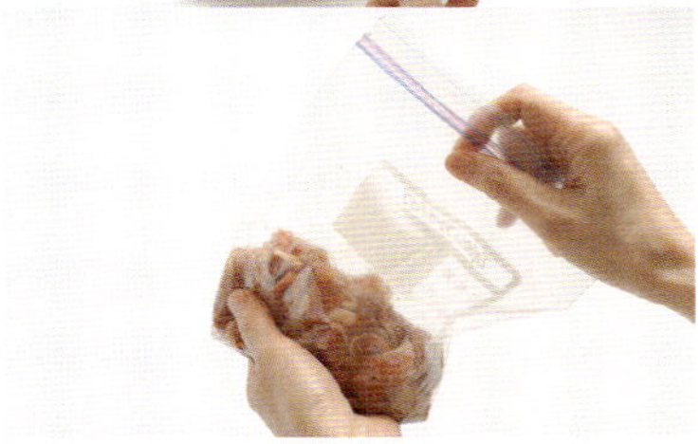

冷凍用保存袋に肉200gを入れ、しょうゆ小さじ2、酒小さじ1を入れる。保存袋ごと、手でよくもみ込み、味をなじませる。

2 空気を抜き、急速冷凍

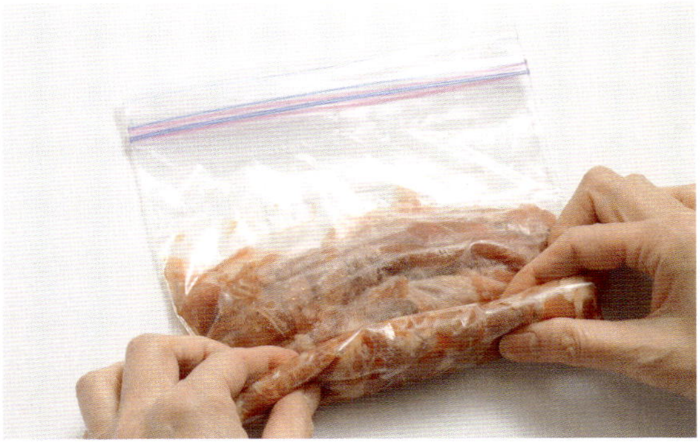

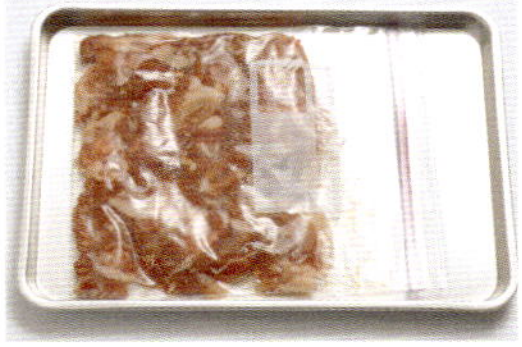

肉を薄く平らにのばし、保存袋を丸めながら空気を抜く。密封して急速冷凍する。

解凍法

冷蔵室で自然解凍（少量なら室温で自然解凍も可）、電子レンジ解凍

豚ひき肉

安価で使い勝手のいい豚ひき肉は、冷凍室の定番。生のまま冷凍するなら、買ってきてすぐの新鮮なうちに。筋目をつけて冷凍すると、小分けする手間が省け、使いたい分だけ折って取り出すことができ、とても便利です。

筋目をつける

1 薄く平らにする

肉を冷凍用保存袋に入れ、空気を抜きながら、薄く平らにのばす。

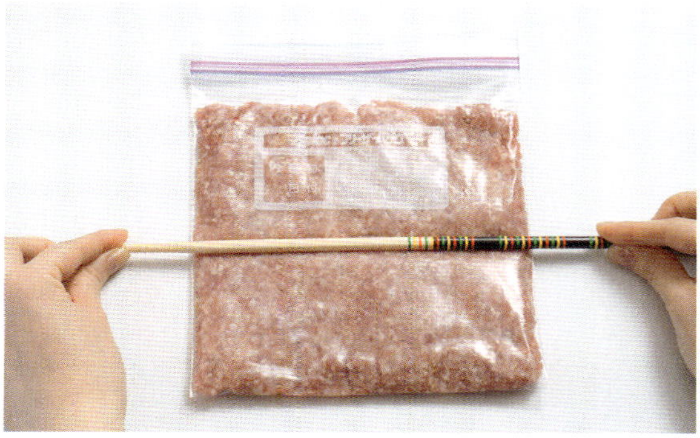

2 箸で筋をつける

保存袋の口をしっかり閉じ、菜箸などで縦横に筋をつける。

解凍法

冷蔵室で自然解凍、電子レンジ解凍
煮物などは凍ったままでOK

調理例

キャベツの重ね煮➡P9
里いもとひき肉の韓国風そぼろ煮➡P130

使うときは 袋の上から、筋目に沿って折ると、簡単に取り出せる。必要な分だけを解凍することができるので、便利。残りは、再び密封して冷凍室へ。

パラパラに炒める

1 炒めて塩コショウする

フライパンにサラダ油を熱し、肉を入れてほぐしながら炒める。パラパラになったら、塩、コショウをする。

2 冷凍用保存袋に入れて、急速冷凍

冷めたら、1回に使用する分量に小分けして冷凍用保存袋に平らになるように入れ、急速冷凍する。

解凍法

冷蔵室で自然解凍、電子レンジ解凍

調理例

なすとトマトのマーボー炒め➡P10

下味をつける

1 調味料を入れて混ぜる

肉200ｇ、酒小さじ1、しょうゆ小さじ1、しょうが汁小さじ1/2、塩小さじ1/8、コショウ少々を入れて粘りが出るまで混ぜたら、みじん切りのねぎ1/6本分を加えて混ぜ合わせる。

2 冷凍用保存袋に入れて急速冷凍

冷凍用保存袋に薄く平らにして入れ、急速冷凍する。

解凍法

冷蔵室か室温で自然解凍、電子レンジ解凍、煮物などは凍ったままでＯＫ

調理例

エスニック風春巻➡**P8**

揚げだんごにする

1 約150度の油で揚げる

肉300ｇ、酒小さじ1と1/2、しょうゆ小さじ1、しょうが汁小さじ3/4、塩小さじ1/5、コショウ少々を入れて粘りが出るまで混ぜたら、みじん切りのねぎ1/4本分を加えて混ぜる。油を150度程度に熱して肉だんごだねを丸めながら入れ、転がしながらきつね色になるまで4～5分揚げる。

2 急速冷凍してから冷凍用保存袋へ

冷めたら、金属製トレイにラップを敷き、間隔をあけて並べる。ラップをかぶせて急速冷凍後、冷凍用保存袋に入れる。

解凍法

冷蔵室か室温で自然解凍、
電子レンジ解凍
煮物、なべ物などは凍ったままでOK

調理例

肉だんごと大根、水菜のなべ
➡**P11**

肉味噌にする

1 調味料を入れて炒める

フライパンにごま油小さじ2を熱し、ひき肉200ｇをポロポロに炒める。火からおろし、味噌大さじ2、砂糖大さじ2/3、酒大さじ1、しょうゆ小さじ2を加えて混ぜ、再び火にかけて混ぜながら汁気を飛ばす。

2 冷凍用保存袋に入れて、急速冷凍

冷めたら、小分けにして冷凍用保存袋に入れ、平らにして急速冷凍する。

解凍法

冷蔵室で自然解凍、電子レンジ解凍

豚厚切り肉

冷凍ヤケを起こしやすい豚厚切り肉は、そのまま冷凍するならアルミホイルに包んでから。味の劣化を防ぐのに、下味をつけて冷凍するのも効果的です。トンカツ用に、衣をつけて冷凍しておけば、時間がないときのおかずに助かります。

下味をつける

1 塩、コショウをする

肉の両面に、まんべんなく塩、コショウをふる。

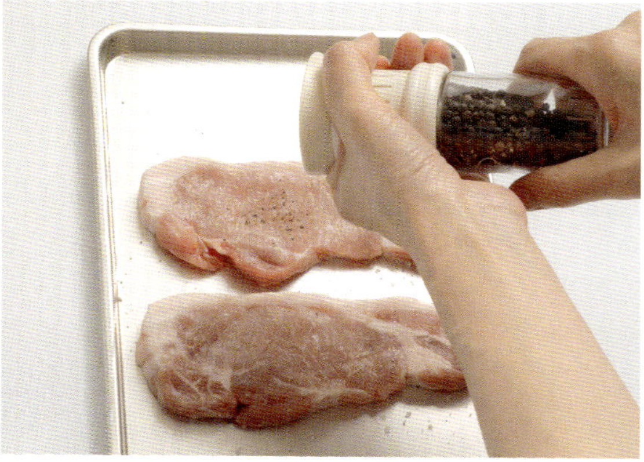

2 ラップで包み、急速冷凍

1枚ずつラップで包んで急速冷凍し、凍ったら冷凍用保存袋に入れる。

冷凍ヤケを防ぐために

脂身の多い肉や魚は、水分が蒸発して乾燥し、脂質が酸化したり、タンパク質が変質したりする「冷凍ヤケ」を起こしがち。おいしさを保つためには、ラップでぴっちり包んだ上からアルミホイルで二重に包むのがコツ。

解凍法

冷蔵室で自然解凍、電子レンジ解凍

トンカツにする

1 筋切りをして、衣をつける

筋切りをして、塩、コショウをふる。小麦粉、溶き卵、パン粉の順につけていく。

2 ラップで包み、急速冷凍

1枚ずつラップで包んで急速冷凍し、凍ったら冷凍用保存袋に入れる。

解凍法

凍ったまま、160度くらいに熱した油で揚げる

牛薄切り肉

冷凍室にあると便利な牛薄切り肉。ちょっと値が張るので、上手に冷凍しておいしさをキープしたいもの。そのまま生で冷凍するほか（豚薄切り肉P38参照）、下味をつけたり、炒めてから冷凍しておくのがおすすめです。

下味をつける

1 調味料を入れてもみ込む

肉150ｇにつき、酒小さじ1、しょうゆ小さじ1と1/2、しょうが汁小さじ1/2、塩、コショウ各少々、表面に切り目を入れたねぎ3㎝を冷凍用保存袋に入れてもみ込む。

2 空気を抜き、急速冷凍

肉を薄く平らにのばし、保存袋を丸めながら空気を抜く。密封して急速冷凍する。

解凍法

冷蔵室で自然解凍、電子レンジ解凍
煮物などは凍ったままでOK

調理例

牛肉ときのこのオイスターソース炒め➡P123

切り分けて炒める

1 一口大に切り、炒める

肉は一口大に切る。フライパンにサラダ油を熱して炒め、塩、コショウをする。

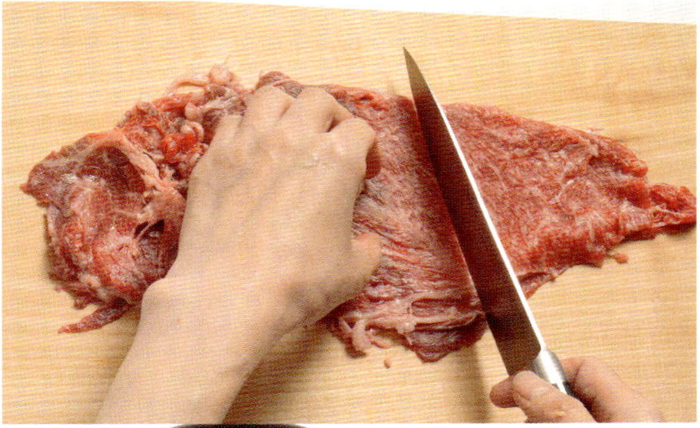

2 急速冷凍してから冷凍用保存袋へ

冷めたら、金属製トレイにラップを敷き、間隔をあけて並べる。ラップをかぶせて急速冷凍し、凍ったら、冷凍用保存袋に入れる。

解凍法

冷蔵室で自然解凍、電子レンジ解凍

牛角切り肉

使い回しのきく牛角切り肉は、安いときにまとめ買いして冷凍しておくのがおすすめ。買ってきたらすぐの新鮮なうちに、下味をつけて冷凍するか、焼いてうまみを閉じ込めてから冷凍するといいでしょう。

下味をつける

1 塩、コショウをする

金属製トレイにラップを敷き、塩、コショウをふる。肉をのせ、再度上から、塩、コショウをする。

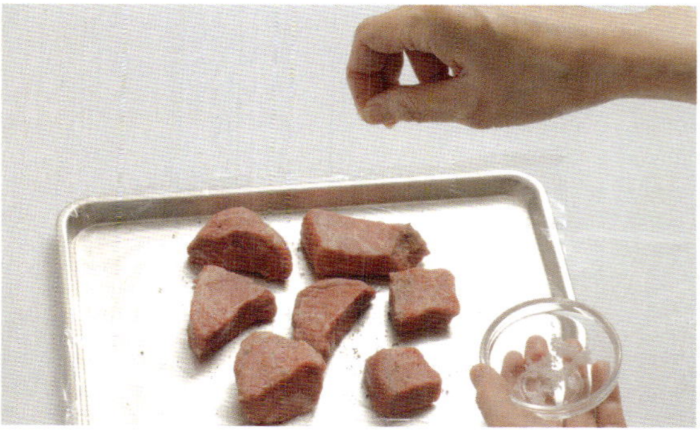

2 急速冷凍してから冷凍用保存袋へ

肉がくっつかないように間隔をあけて並べ、ラップをかぶせて急速冷凍する。凍ったら、冷凍用保存袋に入れる。

解凍法

冷蔵室で自然解凍、電子レンジ解凍

表面を焼きつける

1 両面をまんべんなく焼く

フライパンにサラダ油を熱し、肉の表面を焼きつける。

2 急速冷凍してから冷凍用保存袋へ

冷めたら、金属製トレイにラップを敷き、間隔をあけて並べる。ラップをかぶせて急速冷凍し、凍ったら冷凍用保存袋に入れる。

ポイント 焼いてから冷凍すると、ドリップが出にくくなるので、うまみが逃げずにおいしさを保つことができます。

解凍法

冷蔵室で自然解凍、電子レンジ解凍、煮物などは凍ったままでＯＫ

合いびき肉

ひき肉は傷みやすいので、加熱してから冷凍したほうが安心。ハンバーグやミートソースにして冷凍しておけば、仕上げの調理だけでメインディッシュがすぐ作れます。忙しい朝のお弁当にも大活躍しそうです。

ハンバーグにする

1 肉をこねて、たねを作る

玉ねぎ1/4個はみじん切りにして、バター大さじ1でしんなりするまで炒めて冷ます。ひき肉400ｇ、塩小さじ1/3、コショウ、ナツメグ各少々、卵1個、生パン粉大さじ4（牛乳大さじ4に混ぜたもの）を加えて粘りが出るまで混ぜたら、玉ねぎを入れて混ぜ合わせる。

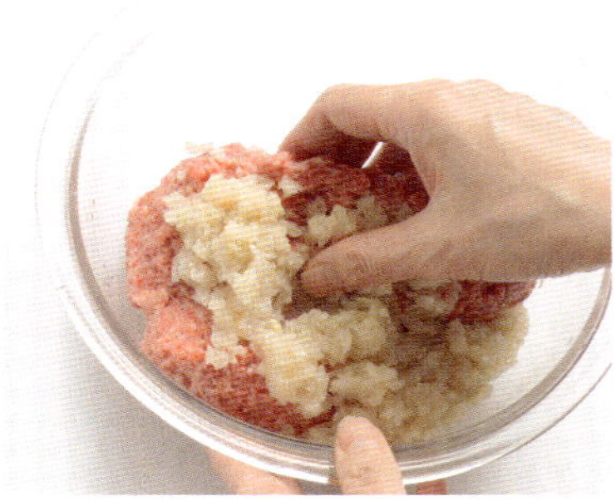

2 小判形に丸め、中まで焼く

4等分して小判形にし、真ん中をくぼませて、フライパンにサラダ油を熱してふたをして中火で焼く。焼き色がついたら弱火で4～5分焼き、裏側も同様に焼く。

3 ラップで包み、急速冷凍

冷めたら、1つずつラップに包んで急速冷凍後、冷凍用保存袋に入れる。

解凍法

凍ったまま電子レンジで加熱、または煮込みハンバーグに

ミートソースにする

1 肉と玉ねぎを炒める

なべにオリーブオイル大さじ2を熱し、みじん切りの玉ねぎ小1/2個分、にんにく1かけ分をしんなりするまで炒め、みじん切りのセロリ40ｇ、にんじん20ｇ、薄切りのマッシュルーム8個を加えて15分ほど炒める。ひき肉300ｇを加えてポロポロになるまで強火で炒め、赤ワイン1/4カップを加える。

2 トマト缶を加えて煮込む

煮立ったらトマト缶2缶（汁ごとつぶす）、コンソメの素1/2個、ローリエ1枚、ローズマリー少々、塩小さじ1、コショウ少々を入れ、沸騰後、弱火で20分ほど煮てから、塩、コショウ各少々で味を調える。

3 冷凍用保存袋に入れて、急速冷凍

冷めたら、使いやすい量に分けて冷凍用保存袋に入れ、急速冷凍する。

解凍法

冷蔵室で自然解凍、電子レンジ解凍

調理例

ラザニア風グラタン➡**P111**

鶏もも肉

比較的水分の多い鶏もも肉は傷みやすいので、買ったらすぐに冷凍して。生のまま冷凍するときは、しっかり水気をふき取ることもポイントです。肉のくさみは、下味をつけることで解決。

そのまま冷凍する

冷凍用保存袋に入れて急速冷凍

ペーパータオルなどで水気をふき、冷凍用保存袋に入れる。空気を抜いて密封し、急速冷凍する。

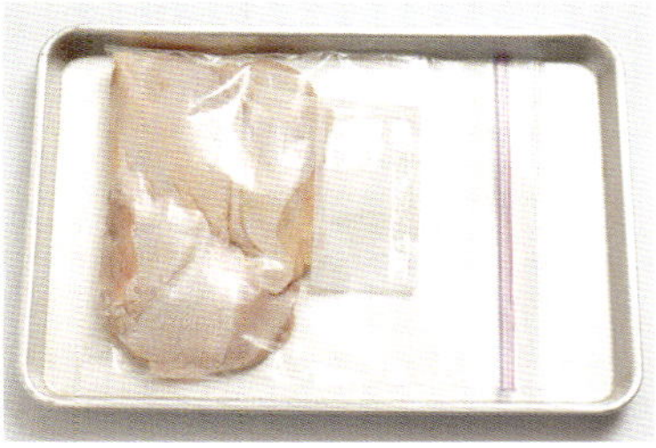

解凍法
冷蔵室で自然解凍、電子レンジ解凍

調理例
鶏肉とごぼう、きぬさやの黒酢炒め
➡P125

冷凍のコツ
血がついていたり、くさみが気になる場合は、氷水で手早く洗い、水けをしっかりふき取ってから、冷凍しましょう。

一口大に切る

1 水気を取って切り分ける

ペーパータオルなどで肉の水気をふき取り、一口大に切る。

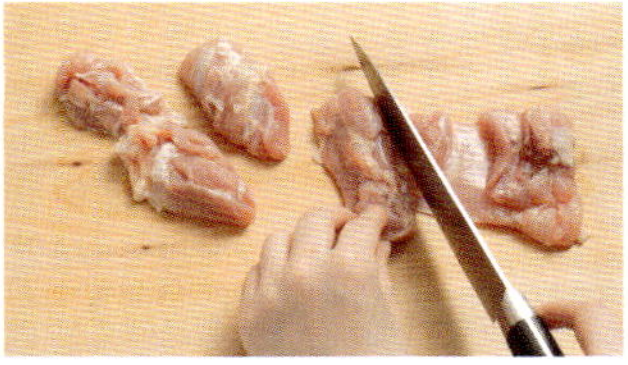

2 急速冷凍してから冷凍用保存袋へ

金属製トレイにラップを敷き、間隔をあけて並べる。ラップをかぶせて急速冷凍し、凍ったら冷凍用保存袋に入れる。

解凍法
冷蔵室で自然解凍、電子レンジ解凍

下味をつける

1 皮に穴をあける

皮の縮みを防ぎ、味がしみ込みやすくなるように、皮の所々にフォークなどを刺して穴をあけ、塩、コショウ各少々をすり込む。

2 調味料を入れてもみ込む

冷凍用保存袋に鶏もも肉大1枚（250ｇ）、薄切りのにんにく1/2かけ分、ローズマリー1枝、オリーブオイル大さじ1を入れ、保存袋ごと手でよくもみ込む。

3 空気を抜き、急速冷凍

空気を抜いて密封し、急速冷凍する。

解凍法
冷蔵室で自然解凍、電子レンジ解凍

調理例
200度のオーブンで、皮がこんがりするまで15～20分くらい焼く

鶏胸肉

鶏胸肉は、そのまま冷凍するとパサパサした食感になりがちです。気になる場合は、そぎ切りにしてから冷凍を。下味をつけたり、電子レンジで蒸しておくと、解凍後の調理に応用がきくうえ、調理時間も短縮できます。

そのまま冷凍する

冷凍用保存袋に入れて急速冷凍

ペーパータオルなどで肉の水気をふき、冷凍用保存袋に入れる。空気を抜いて密封し、急速冷凍する。

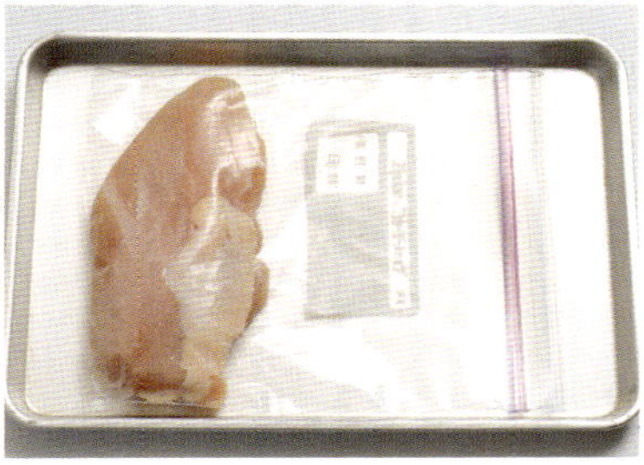

解凍法
冷蔵室で自然解凍、電子レンジ解凍

調理例
鶏かき揚げ➡**P19**

そぎ切りして下味をつける

1 そぎ切りにしてから、味つけをする

鶏胸肉2枚をそぎ切りにして、冷凍用保存袋に入れ、酒小さじ2、塩小さじ1/5、しょうゆ小さじ1を加えて、保存袋ごと手でよくもみ込む。

2 空気を抜き、急速冷凍

空気を抜いて密封し、急速冷凍する。

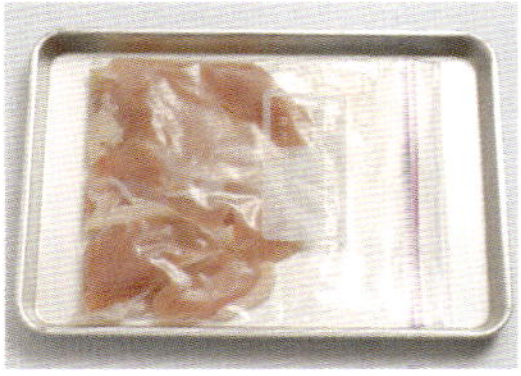

解凍法
冷蔵室で自然解凍、電子レンジ解凍

調理例
鶏肉のエスニック炒め➡**P17**

蒸し鶏にする

1 耐熱皿にのせてレンジで蒸す

鶏胸肉2枚に塩小さじ1/5、コショウ少々を混ぜ合わせ、耐熱皿に入れる。薄切りのしょうが1/2かけ分、ねぎの青い部分5cm（表面に切り目を入れる）、酒大さじ1をふりかけ、ラップをかぶせて電子レンジ（500W）で3分加熱したら、裏返して2分加熱する。

2 冷凍用保存袋に入れて、急速冷凍

冷めたら、冷凍用保存袋に入れ、急速冷凍する。

アレンジ 粗熱がとれたら、細かく裂き、小分けにしてラップで包んでもOK。サラダやあえものに。

解凍法
冷蔵室で自然解凍、電子レンジ解凍

調理例
蒸し鶏とかぼちゃのマヨチーズ焼き➡**P16**
和風マリネサラダ➡**P18**
鶏肉ときのこのトマト煮➡**P103**
蒸し鶏と野菜のクリームシチュー➡**P108**

鶏ささ身

低カロリーで高タンパクな鶏ささ身は、水分と脂肪分が少ないので、パサつきがち。上手に冷凍するには、なるべく空気にふれないように1本ずつラップに包んで。梅しそ巻きを作って冷凍しておくのもおすすめ。

1本ずつラップで包む

1 筋を取り除く

肉の水気をふき、筋の両側に切り目を入れて、包丁で引っ張りながら、筋を取る。

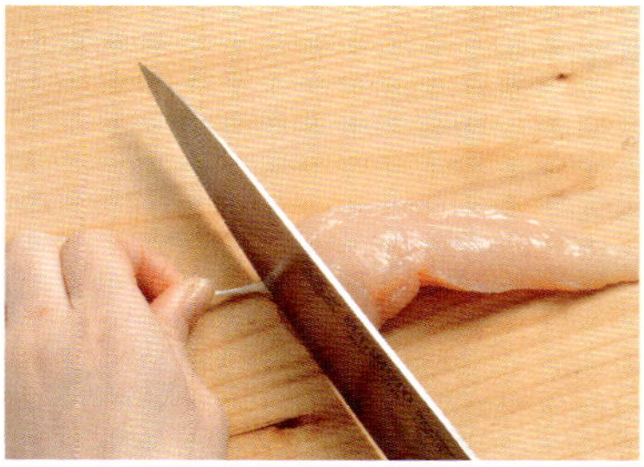

2 1本ずつラップで包み、急速冷凍

1本ずつラップにぴっちりと包み、急速冷凍する。

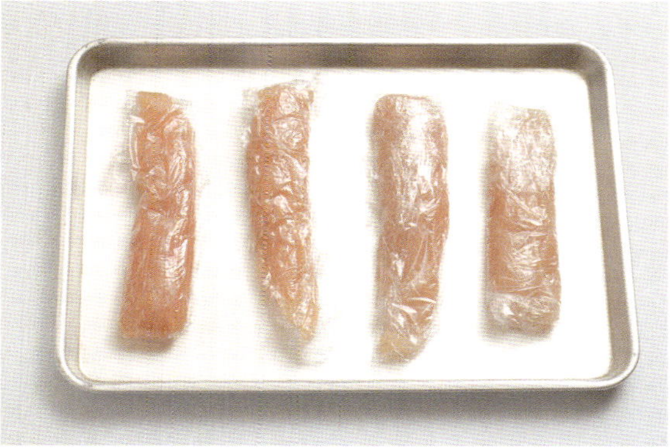

3 冷凍用保存袋に入れる

凍ったら、冷凍用保存袋に入れる。

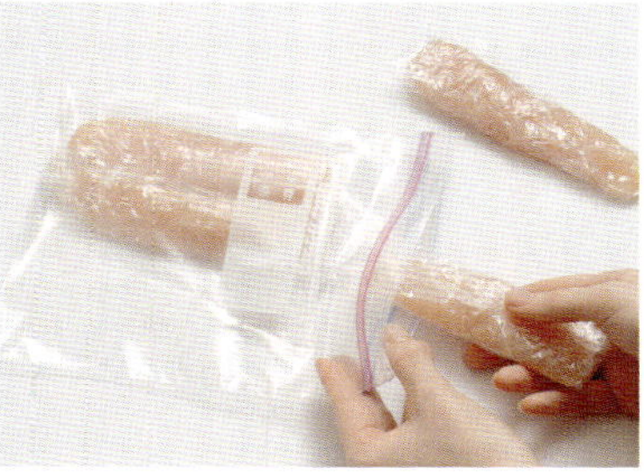

解凍法
冷蔵室で自然解凍、電子レンジ解凍

調理例
ささ身のゆずコショウ風味照り焼き
➡P121

梅しそ巻きにする

1 観音開きにして筋を取る

ささ身4本は観音開き（中央に切り込みを入れて外側に開く）にし、筋を取って、塩少々、酒大さじ1/2を混ぜ合わせる。

2 ロール状に巻く

梅干し大1個は種を取って細かくたたき、みりん小さじ1/2と混ぜ、ささ身にぬる。ささ身1枚に大葉2枚をのせて巻く。

3 急速冷凍してから冷凍用保存袋へ

金属製トレイにラップを敷き、くっつかないように間隔をあけて並べ、ラップをかぶせて急速冷凍する。凍ったら、冷凍用保存袋に入れる。

解凍法
冷蔵室で自然解凍、凍ったまま調理

調理例
凍ったまま、フライパンにサラダ油を熱し、転がしながら焼く。自然解凍後、フライ衣をつけて揚げるか、酒をふって電子レンジで酒蒸しする

鶏手羽先

独特のにおいが気になる鶏手羽先。冷凍するときは、水洗いをしてくさみを取るのがポイントです。しっかり水気をふき取り、そのまま生で冷凍するか、好みの下味をつけて冷凍しましょう。

そのまま冷凍する

1 洗って、水気をふき取る

くさみを取るために水で洗い、ペーパータオルでよくふき取る。

2 急速冷凍してから冷凍用保存袋へ

金属製トレイにラップを敷き、くっつかないように間隔をあけて並べ、ラップをかぶせて急速冷凍する。凍ったら、冷凍用保存袋に入れる。

解凍法

冷蔵室で自然解凍、電子レンジ解凍
煮物などは凍ったままでＯＫ

下味をつける

1 皮に穴をあける

味がしみ込みやすくなるように、皮にフォークなどを刺して穴をあける。

2 調味料を入れてもみ込む

冷凍用保存袋に手羽先6本、しょうゆ大さじ1、みりん大さじ1/2を入れ、保存袋ごと手でよくもみ込む。

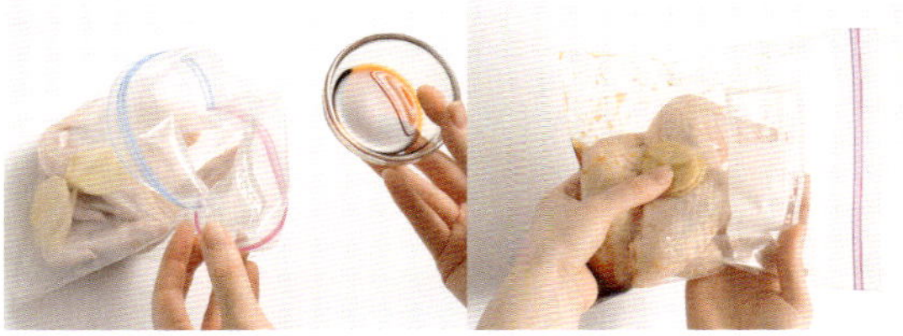

3 空気を抜き、急速冷凍

空気を抜いて密封し、急速冷凍する。

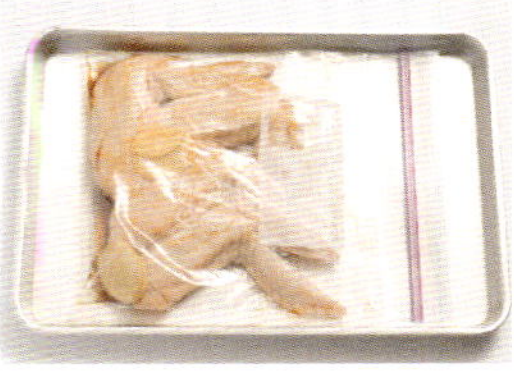

解凍法

冷蔵室で自然解凍、電子レンジ解凍

鶏ひき肉

さっぱりした味わいの鶏ひき肉は、和風向き。煮てそぼろにしておけば、ごはんと混ぜたり、あんかけにしたり。だんごにしてゆでておけば、なべに入れたり、つくね焼きにしたり。アレンジ自在のうれしい冷凍法です。

そぼろ煮にする

1 調味料を入れて炒める

フライパンにひき肉200ｇ、しょうゆ大さじ1と2/3、砂糖、みりん、酒各大さじ2/3を入れて混ぜ合わせる。菜箸数本を使って中火で汁気がなくなるまで混ぜ、しょうが汁小さじ1/2を混ぜる。

2 冷凍用保存袋に入れて、急速冷凍

冷めたら、小分けにして冷凍用保存袋に入れ、平らにして急速冷凍する。

解凍法

冷蔵室で自然解凍、電子レンジ解凍

調理例

かぼちゃの茶巾絞り➡P127

ゆでだんごにする

1 肉だんごだねを作る

ボウルにひき肉400ｇ、しょうが汁小さじ1、酒小さじ1、塩少々、しょうゆ小さじ1を入れ、粘りが出るまで混ぜ合わせたら、みじん切りのねぎ大さじ3を加えて、さらに混ぜる。

2 熱湯でゆでる

なべに湯を沸かし、酒大さじ１程度を加えて、肉だんごだねを丸めながら入れる。再び沸騰後４～５分ゆで、そのまま、ゆで汁の中で冷ましてから水気を切る。

3 急速冷凍してから冷凍用保存袋へ

金属製トレイにラップを敷き、間隔をあけて並べる。ラップをかぶせて急速冷凍し、凍ったら冷凍用保存袋に入れる。

解凍法

冷蔵室で自然解凍、電子レンジ解凍、煮物、なべ物などは凍ったままでOK

レバー

レバーはとても傷みやすいので、買ってきたらすぐ、冷たいうちに冷凍しましょう。冷凍法は、ていねいに下処理をして切り分けるか、下味をつけてから。味をつけておくと、くさみが消えて食べやすくなります。

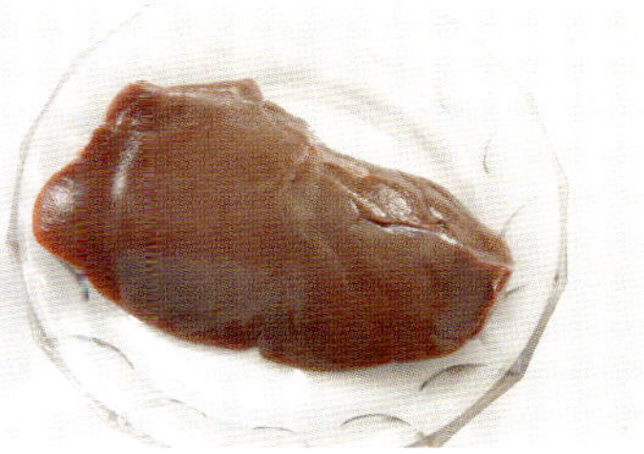

下処理をして切る

1 下処理をして切り分ける

レバーはかたまりのまま、牛乳か水に15分ほど浸し、くさみを取る。水気をしっかり切ったあと、薄切りにする。

2 急速冷凍してから冷凍用保存袋へ

金属製トレイにラップを敷き、間隔をあけて並べる。ラップをかぶせて急速冷凍し、凍ったら冷凍用保存袋に入れる。

解凍法

冷蔵室で自然解凍、電子レンジ解凍

下味をつける

1 下処理をして切り分ける

左記の方法で下処理をして切り分け、冷凍用保存袋に入れる。

2 調味料を入れてもみ込む

レバー200gにつき、酒大さじ1/2、しょうゆ大さじ1、ごま油小さじ1、にんにくのすりおろし少々を混ぜ、もみ込む。

3 空気を抜き、急速冷凍

空気を抜いて密封し、急速冷凍する。

解凍法

冷蔵室で自然解凍、電子レンジ解凍

ハム・ベーコン

加工品のハムやベーコンですが、冷蔵庫での保存は意外とききません。開封後は、冷凍保存して品質保持を。ハム、ベーコンとも、そのまま使いやすい量をラップで包んだり、切り分けて冷凍すると便利です。

小分けしてラップで包む

1 2、3枚ずつラップで包む

ハムは2、3枚を重ねて、ベーコンは2、3枚を少しずらしてラップで包む。

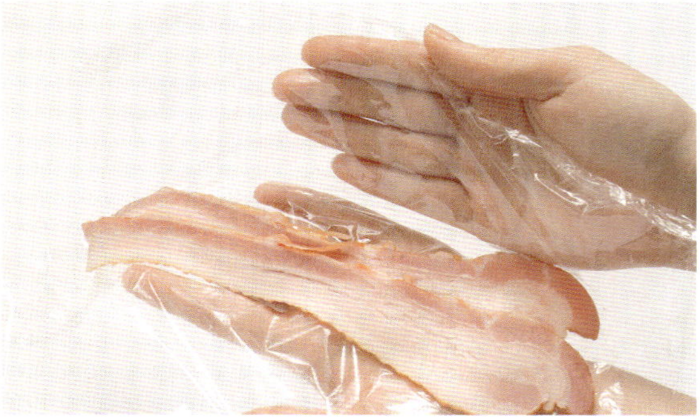

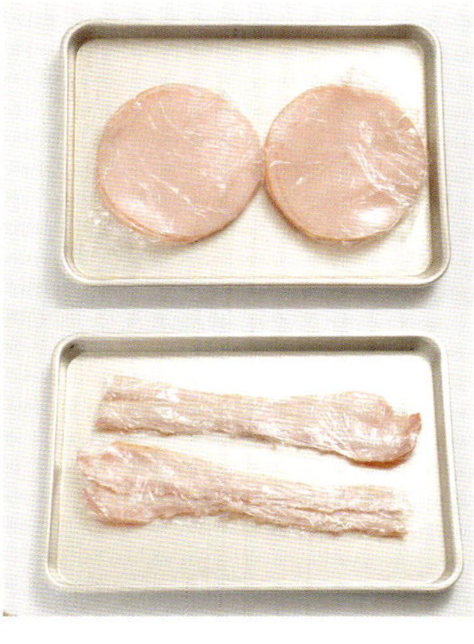

2 急速冷凍してから冷凍用保存袋へ

急速冷凍し、凍ったら冷凍用保存袋に入れる。

解凍法

冷蔵室か室温で自然解凍
凍ったまま切ったり、加熱することも可能

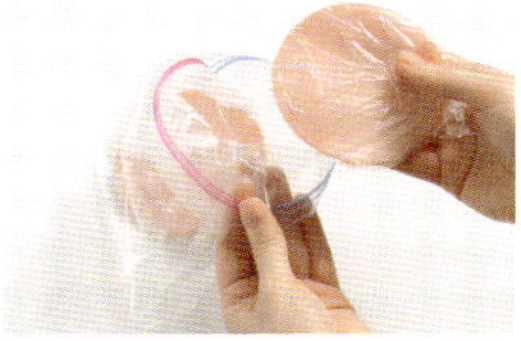

好みの大きさに切る

1 使いやすい大きさに切る

ハムは5㎜〜1㎝幅に、ベーコンは2〜3㎝幅に切り分ける。このサイズに切っておくと、いろいろな料理に利用できて便利。金属製トレイにラップを敷き、くっつかないように間隔をあけて並べる。

2 急速冷凍してから冷凍用保存袋へ

ラップをかぶせて急速冷凍し、凍ったら冷凍用保存袋に入れる。

解凍法

冷蔵室か室温で自然解凍
凍ったまま調理してもＯＫ

調理例

ほうれんそう入りスクランブルエッグ➡P101

ソーセージ

常備しておくと、なにかと役立つソーセージ。早く凍るように、斜めに切り込みを入れて冷凍するか、使いやすい大きさに切り分けておくと、チャーハンなどの炒め物にさっと使えて重宝します。

切り込みを入れる

1 斜めに切り込みを入れる

皮の表面に斜めの切り込みを数本入れる。こうすることで、冷凍時間が短縮でき、凍ったまま調理しても皮がはじけない。

2 急速冷凍してから冷凍用保存袋へ

急速冷凍し、凍ったら冷凍用保存袋に入れる。

解凍法

冷蔵室か室温で自然解凍
凍ったまま炒めたり、ゆでたりしてもＯＫ

好みの大きさに切る

1 使いやすい大きさに切る

斜め薄切りや輪切りなど、使いやすい大きさに切り分ける。金属製トレイにラップを敷き、くっつかないように間隔をあけて並べる。

2 急速冷凍してから冷凍用保存袋へ

ラップをかぶせて急速冷凍し、凍ったら冷凍用保存袋に入れる。

解凍法

冷蔵室か室温で自然解凍
凍ったまま調理してＯＫ

調理例

ウインナーとブロッコリー入りポテトサラダ➡P105
トマトとほうれんそうのマカロニスープ➡P119

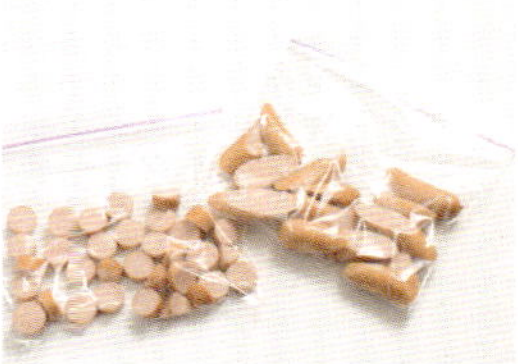

さけ

さけは冷凍保存しても味が落ちにくく、冷凍向き。生のまま、1切れずつラップに包んで冷凍するほか、下味をつけてから冷凍しましょう。塩ざけの場合は、焼いてからほぐして冷凍するのもおすすめ。

1切れずつラップで包む

1 ラップでぴっちり包む

塩ざけはそのまま、生ざけは塩、酒各少々をふり、1切れずつラップでぴっちり包む。

2 急速冷凍してから冷凍用保存袋へ

急速冷凍し、凍ったらラップごと冷凍用保存袋に入れる。

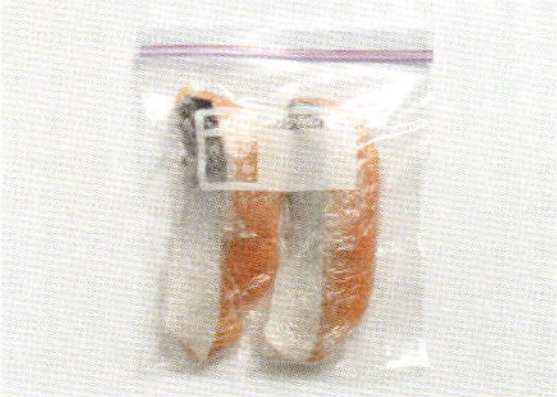

解凍法

冷蔵室で自然解凍、電子レンジ解凍

下味をつける

味つけをして急速冷凍

金属製トレイにラップを敷き、さけ2切れに、しょうゆ大さじ1、みりん大さじ1/2を混ぜてかける。ラップをかぶせて急速冷凍し、凍ったら冷凍用保存袋に入れる。

解凍法

冷蔵室で自然解凍、電子レンジ解凍

焼きそぼろにする

1 焼いて身をほぐす

焼き網か魚焼きグリルで、焼き色をつけないように両面を焼く。粗熱がとれたら、皮と骨を除き、身をほぐす。

2 ラップで包み、急速冷凍

焼きそぼろが冷めたら、平らにしてラップで包み、急速冷凍する。

3 冷凍用保存袋に入れる

凍ったら、冷凍用保存袋に入れる。

解凍法

冷蔵室か室温で自然解凍、凍ったまま調理

調理例

さけと枝豆の混ぜごはん
➡P97
さけ雑炊➡P118

いわし

いわしは傷みやすい魚なので、必ず新鮮なうちに冷凍しましょう。冷凍法は、ブツ切りにするほか、すり身にしたり、手開きにして下味をつけます。すり身は、さつま揚げやハンバーグ、煮物や汁物の具に利用できます。

ブツ切りにする

1 頭を取り、ブツ切りにする

頭を切り落とし、ブツ切りにして内臓を取り、水気をしっかりふく。

2 急速冷凍してから冷凍用保存袋へ

金属製トレイにラップを敷き、間隔をあけて並べる。ラップをかぶせて急速冷凍し、凍ったら冷凍用保存袋に入れる。

解凍法
冷蔵室で自然解凍、電子レンジ解凍

調理例
いわしの香味炒め煮➡P22

すり身にする

1 包丁でたたいてすりつぶす

いわし3尾は右記のように手開きして皮をむき、少し粘りが出るまでたたく。味噌小さじ1、酒小さじ2、しょうがのすりおろし1/4かけ分を混ぜ、さらに、みじん切りのねぎ1/6本分、片栗粉小さじ2を混ぜ合わせる。

解凍法
冷蔵室で自然解凍、電子レンジ解凍

2 冷凍用保存袋に入れ、筋目をつける

冷凍用保存袋に平らになるように入れ、保存袋の口をしっかり閉じる。菜箸などで縦横に筋をつけ、急速冷凍する。

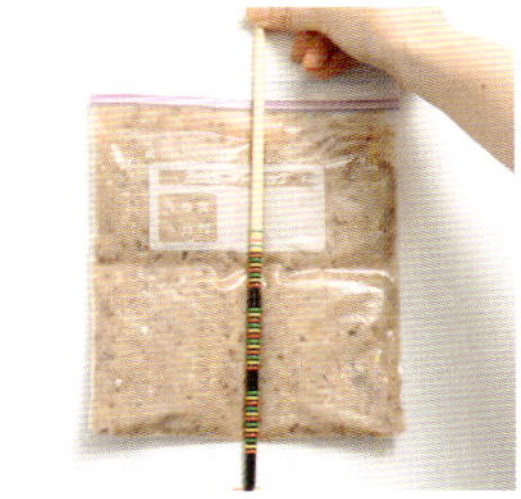

調理例
いわしとごぼうのさつま揚げ➡P23

手開きにして下味をつける

1 腹ワタを取って、手開きにする

尾から頭へ、包丁を動かしてうろこをそげ取り、頭を切り落とす。尾まで腹を切り開いたら、包丁で腹ワタをかき出し、水洗いして水気をふき取る。中骨と身の間に親指を入れ、尾の方向にしごき、骨を身からはがして取り除く。包丁の刃を寝かせて、両側の腹骨をそぎ取る。

2 下味をつける

(1) 塩・コショウ味

金属製トレイにラップを敷き、塩、コショウをふる。いわしをのせ、再度上から、塩、コショウをする。

(2) しょうゆ味

金属製トレイにラップを敷き、いわしをのせる。1尾につき、しょうゆ小さじ1/2、酒小さじ1/3、しょうが汁少々をかける。

3 急速冷凍してから冷凍用保存袋へ

ラップをかぶせて急速冷凍し、冷凍用保存袋に入れる。

解凍法
冷蔵室で自然解凍、電子レンジ解凍

調理例
〈塩・コショウ味〉いわしのイタリアンサンドロースト➡P20
〈しょうゆ味〉いわしのねぎ＆ごま風味ピカタ➡P21

アンチョビの冷凍

ラップにアンチョビを重ねないで包み、急速冷凍してから冷凍用保存袋に入れる。

解凍法
冷蔵室で自然解凍、電子レンジ解凍

調理例
たことアスパラガスのアンチョビ炒め➡P113

あじ

買ってきてすぐの新鮮なあじなら、1尾まるごと冷凍できます。傷みやすい腹ワタやエラは必ず取り除き、ラップで包んで冷凍しましょう。三枚におろして冷凍しても、調理時間が省けて便利。フライやソテーにしたり、オーブンでパン粉焼きにすれば、豪華なメインディッシュがすぐに作れます。

1尾ずつラップで包む

1 ゼイゴと腹ワタを取り除く

尾から頭へ、包丁を動かしてゼイゴをそぎ取り、頭を切り落とす。腹を切って腹ワタをかき出し、よく洗う。

2 ラップで包み、急速冷凍

水気をしっかりふき取る。1尾ずつラップでぴっちり包み、急速冷凍する。

3 冷凍用保存袋に入れる

凍ったら、冷凍用保存袋に入れる。

解凍法

冷蔵室で自然解凍、電子レンジ解凍

三枚おろしにする

1 三枚に切り分ける

左記のようにゼイゴをそぎ取り、頭と腹ワタを取り除いたら、洗って水気をふき取る。頭のほうから中骨に沿って包丁を入れ、半身を切り離す。反対側も同様にして切り離し、腹骨を取る。

2 急速冷凍してから冷凍用保存袋へ

金属製トレイにラップを敷き、重ならないように並べる。ラップをかぶせて急速冷凍し、凍ったら冷凍用保存袋に入れる。

解凍法

冷蔵室で自然解凍、電子レンジ解凍

調理例

あじのパン粉焼き➡**P107**
あじのカレーごま焼き➡**P124**

さば

さばはとても傷みやすいので、冷凍保存したほうが安心です。くさみを消すために、切り分けてしょうゆ漬けにするなど、工夫をして冷凍しましょう。

しょうゆ漬けにする

1 そぎ切りにする

三枚おろし（左ページ参照）にしたあと、そぎ切りにする。二枚おろしで買ったときは中骨と腹骨を取ってから、そぎ切りにする。

2 調味料を入れて漬ける

金属製トレイにラップを敷き、さばをのせる。半身につき、しょうゆ大さじ1、酒大さじ1/2、しょうが汁小さじ1を入れる。

3 急速冷凍して冷凍用保存袋へ

ラップをかぶせて急速冷凍し、凍ったら冷凍用保存袋に入れる。

解凍法

冷蔵室で自然解凍、電子レンジ解凍

調理例

さばの照り焼き➡**P99**

まぐろ

まぐろが余ってしまったときは、切り分けるか、づけにして冷凍しておきましょう。づけにしておくと、アツアツのごはんにのせて、づけ丼にしたり、あえものなどにも使えます。

適当な大きさに切る

1 切り分けて、ラップで包む

水気をふき取り、適当な大きさに切り分ける。1切れずつぴっちりラップで包む。

2 急速冷凍してから冷凍用保存袋へ

急速冷凍し、凍ったら冷凍用保存袋に入れる。

解凍法

冷蔵室で自然解凍、電子レンジ解凍

づけにする

つけダレをからめてから急速冷凍

まぐろのさくは半分に切って冷凍用保存袋に入れ、しょうゆ大さじ2、みりん大さじ1/2を加えて混ぜたあと、急速冷凍する。

解凍法

冷蔵室で自然解凍、電子レンジ解凍

調理例

まぐろのおろしあえ➡**P131**

たい

高価なたいは、上手に冷凍しておいしく食べたいもの。1切れずつラップに包んでもOKですが、昆布じめにして冷凍しておくと味わい深くなり、おすすめです。

1切れずつラップで包む

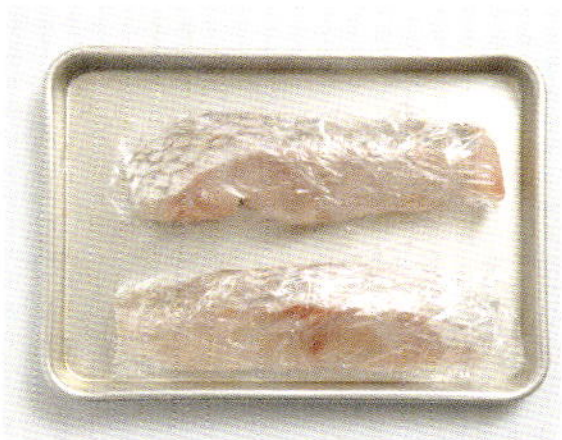

1 ラップで包み、急速冷凍

水気をしっかりふき取る。1切れずつラップでぴっちり包み、急速冷凍する。

2 冷凍用保存袋に入れる

凍ったら、冷凍用保存袋に入れる。

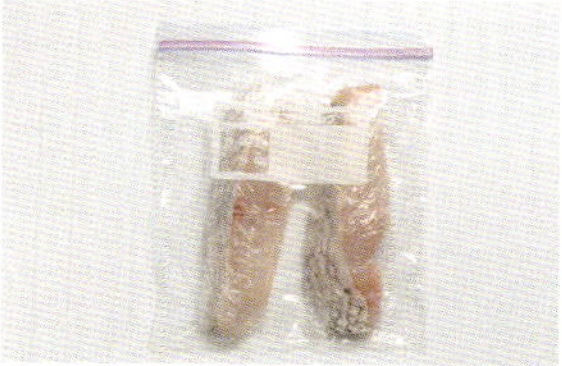

解凍法

冷蔵室で自然解凍、電子レンジ解凍

調理例

たいの中華蒸し➡P122

昆布じめにする

1 昆布でしめる

だし昆布20㎝2枚は水に浸してやわらかくし、全体に塩をふる。昆布の上にたいをのせて塩をふり、もう1枚の昆布をのせる。

2 急速冷凍してから冷凍用保存袋へ

昆布をたいに密着させるように、ラップで包み、急速冷凍する。凍ったら、冷凍用保存袋に入れる。

解凍法

冷蔵室で自然解凍、電子レンジ解凍

調理例

たいの和風カルパッチョ➡P106

たら

鮮度の低下が早いたらは、冷凍保存向き。水気をふき取り、生のまま1切れずつラップで包むか、味噌やタレにつけ込んで冷凍するのもおすすめです。

1切れずつラップで包む

1 水気をふき、ラップで包む

水気をしっかりふき取り、1切れずつラップでぴっちり包む。

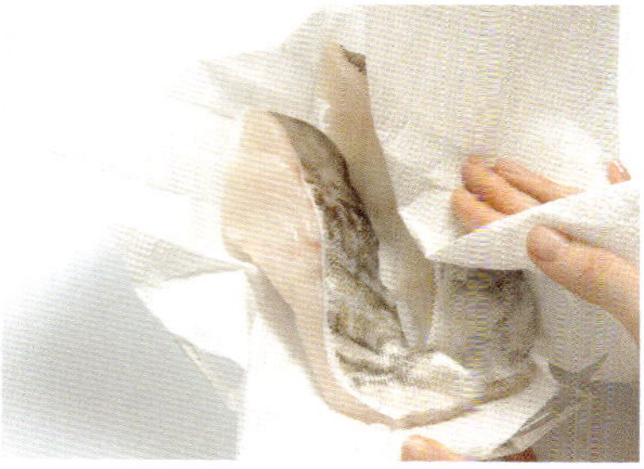

2 急速冷凍してから冷凍用保存袋へ

急速冷凍し、凍ったら冷凍用保存袋へ入れる。

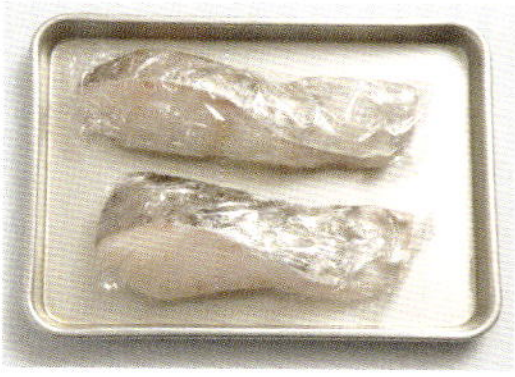

解凍法

冷蔵室で自然解凍、電子レンジ解凍

調理例

たらとカリフラワーのグラタン➡P126

味噌漬けにする

薄く味噌をぬって急速冷凍

生たら1切れにつき、味噌大さじ1、みりん大さじ1/2を混ぜたものをラップの中央にぬる。味噌が全体に回るようにたらを包み、急速冷凍後に冷凍用保存袋へ。

解凍法

冷蔵室で自然解凍、電子レンジ解凍

いか

水分の少ないいかは、解凍時にドリップが出にくく、冷凍向きの食材。冷凍のポイントは、腹ワタを取り除き、きちんと下処理をすること。凍ったまま、炒めたり、衣をつけて揚げたりすることもできます。

胴と足に分ける

1 胴と足に分け、皮をむく

胴から足を引っぱって腹ワタを抜く。胴の中にある軟骨を除き、洗って水気をふく。エンペラをはがして、胴の皮をむく。

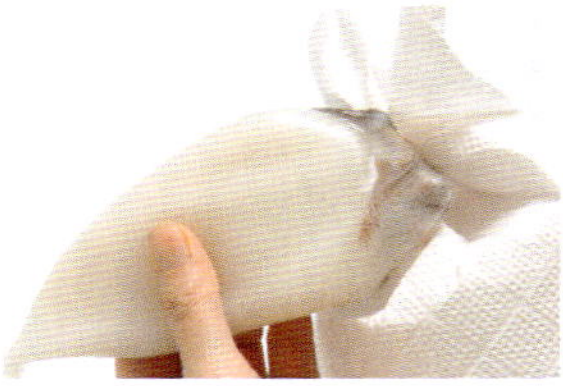

2 吸盤を取り除く

足は、腹ワタ、くちばし、目を取り除く。吸盤を切り落とし、水できれいに洗う。

3 急速冷凍してから冷凍用保存袋へ

金属製トレイにラップを敷き、胴と足をそれぞれのせる。ラップをかぶせて急速冷凍し、凍ったら冷凍用保存袋に入れる。

解凍法
冷蔵室で自然解凍、凍ったまま調理

調理例
いかのミートソース風スパゲティー**➡P25**
いかと豆腐の落とし揚げ**➡P26**
いかとにらのチヂミ**➡P114**

切って下味をつける

1 輪切りと短冊切りにする

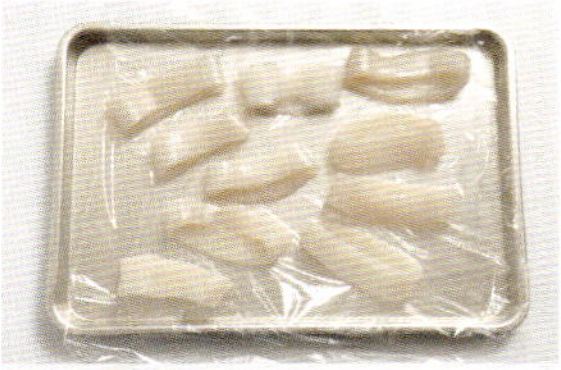

左記のようにワタを抜いて皮をむいたら、洗って水気をふく。輪切りや短冊切りなど、使いやすい大きさに切り分ける。短冊切りの場合は、表面に包丁で斜めの格子状に切り目を入れて「松かさ」にしてもよい。

2 調味料を入れてもみ込む

冷凍用保存袋にいかと下記の調味料を入れ、よくもみ込む。

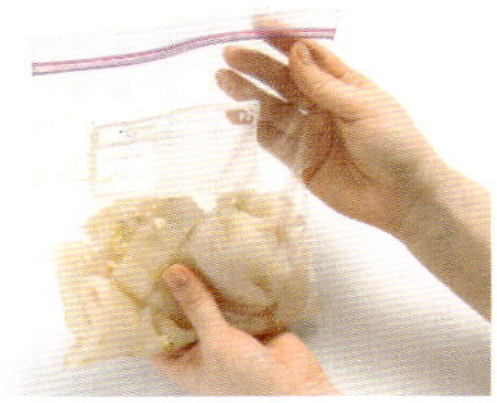

（1）輪切りの下味
胴2杯分につき、にんにくのみじん切り1/2かけ、塩小さじ1/5、コショウ少々、オリーブオイル小さじ2

（2）短冊切りの下味
胴2杯分につき、しょうが汁小さじ1/2、酒小さじ1、塩小さじ1/5

3 密封して急速冷凍

保存袋の空気を抜き、密封してから急速冷凍する。

解凍法
冷蔵室で自然解凍、凍ったまま調理

調理例
〈輪切り〉
いかとエリンギのトマト炒め
➡P24
〈短冊切り〉
いかとほうれんそうのオイスターソース炒め**➡P27**

えび

えびは、冷凍してもあまり味落ちしない食材。新鮮ならそのまま冷凍してもOKですが、鮮度の見極めが難しいので、ゆでてから冷凍しましょう。

殻つきのままゆでる

1 背ワタを取り除く

頭を取り、ゆでると背ワタが取り除けなくなるので、必ずゆでる前に、殻の2～3番目の節に竹ぐしを入れ、背ワタを抜き取る。

2 熱湯で、殻ごとゆでる

沸騰した湯に、塩、酒各少々を加え、えびを入れる。殻の色が変わるまでゆでて取り出し、水気を切る。

3 急速冷凍してから冷凍用保存袋へ

冷めたら、金属製トレイにラップを敷き、間隔をあけて並べる。ラップをかぶせて急速冷凍し、凍ったら冷凍用保存袋に入れる。

解凍法

冷蔵室で自然解凍、電子レンジ解凍、凍ったまま調理

調理例

えびとアスパラガスのスパゲティー➡**P105**
シーフードミックスサラダ➡**P111**
えびとブロッコリーの白あえ➡**P131**

たこ

冷凍保存向きのゆでだこは、常備しておくと、なにかと重宝。厚みがあるとなかなか凍らないので、足を切り離して冷凍しましょう。

目的別に切り分ける

1 1本とそぎ切りに切り分ける

水気をふき取り、足を1本ずつ切り離す。目的に応じ、そぎ切りなど、使いやすい大きさに切る。

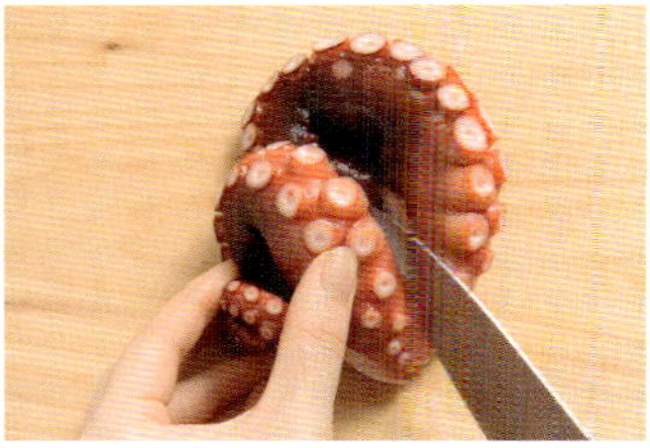

2 急速冷凍してから冷凍用保存袋へ

切り離したたこは1本ずつ、そぎ切りにしたたこは平らになるように、ラップでぴっちり包む。急速冷凍し、凍ったら冷凍用保存袋に入れる。

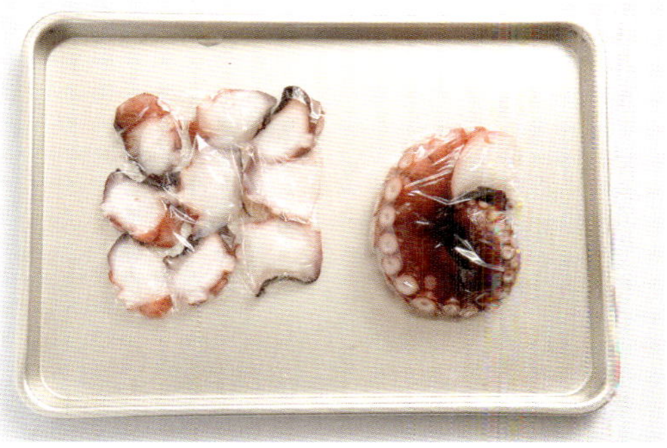

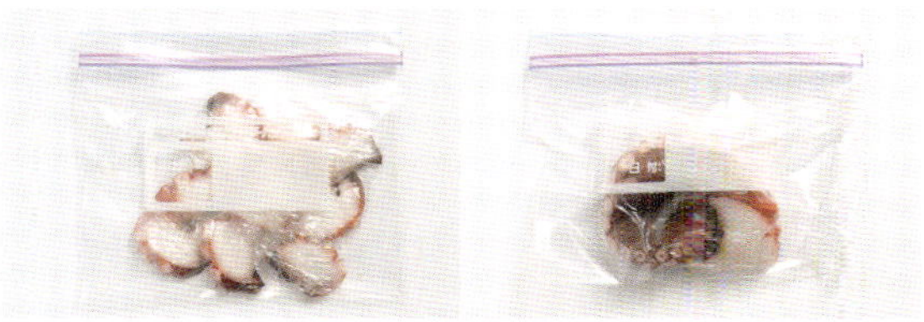

解凍法

冷蔵室で自然解凍、電子レンジ解凍、凍ったまま調理

調理例

シーフードミックスサラダ➡**P111**
たことアスパラガスのアンチョビ炒め➡**P113**

あさり

新鮮なあさりは、砂抜きしてそのまま冷凍保存できます。むき身にして冷凍するなら、傷みやすいので酒蒸しなど、加熱してからがおすすめ。

砂抜きして洗う

1 塩水につける

海水くらいの塩水につけ、砂を抜く。殻をこすり合わせながらよく洗い、水気をふく。

2 冷凍用保存袋に入れ、急速冷凍

重ならないように冷凍用保存袋に入れる。空気を抜いて密封し、急速冷凍する。

解凍法

凍ったまま調理

酒蒸しにする

酒蒸しにして、急速冷凍

あさり200ｇ（殻つき）は殻をはずして耐熱皿に入れ、酒大さじ1を加えてラップをかけ、電子レンジで3分くらい加熱する。水気を切って冷めたら、金属製トレイに重ならないように並べ、急速冷凍する。凍ったら、冷凍用保存袋に入れる。

解凍法

凍ったまま調理

ほたて

ほたてなどの貝類は、もともと傷みやすい食材。新鮮なものをきちんと下処理して、殻つきの場合は貝柱のみを冷凍しましょう。

下処理をする

1 下処理をして水気をふき取る

殻つきのものは、ひも、ワタなどを取り除き、貝柱のみにする。水できれいに洗い、水気をふき取る。

2 急速冷凍してから冷凍用保存袋へ

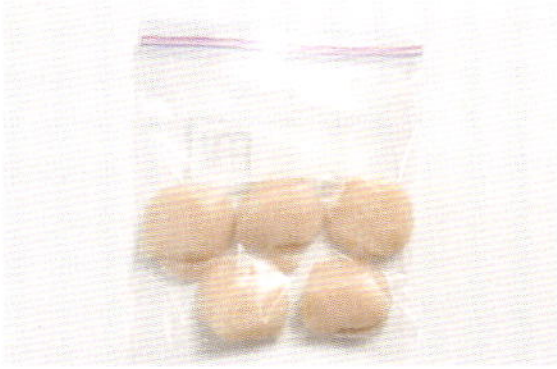

金属製トレイにラップを敷き、くっつかないように間隔をあけて並べ、ラップをかぶせて急速冷凍する。凍ったら、冷凍用保存袋に入れる。

解凍法

冷蔵室で自然解凍、電子レンジ解凍

調理例

ほたての黄金煮➡P120

干物

干物の冷凍は、酸化防止のため、ラップで包んでからホイルで包んで。水分の多い干物は、生の魚と同じように考えて冷凍保存をしましょう。

ラップとホイルで包む

1 ラップで包む

1尾ずつラップでぴっちり包む。

2 ホイルで包み、急速冷凍

ラップで包んだ上から、さらにホイルで包み、急速冷凍する。

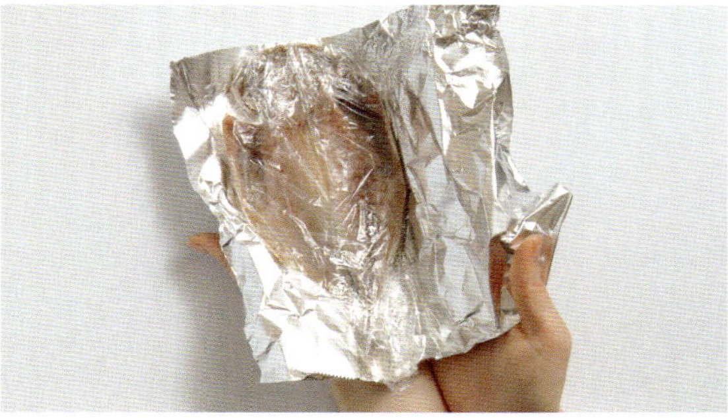

3 冷凍用保存袋に入れる

凍ったら、冷凍用保存袋に入れる。保存は、光が当たらず、温度変化の少ない冷凍庫の奥のほうで。

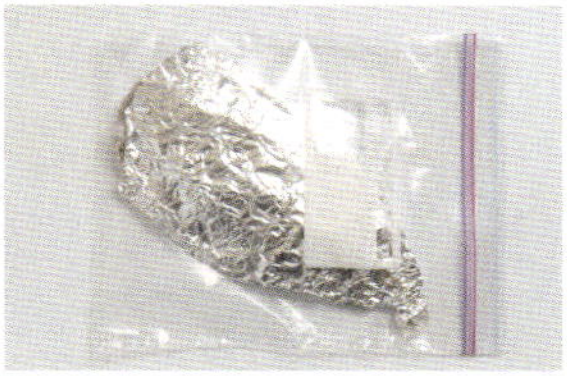

解凍法

冷蔵室で自然解凍
凍ったままグリルで焼いてもＯＫ

たらこ

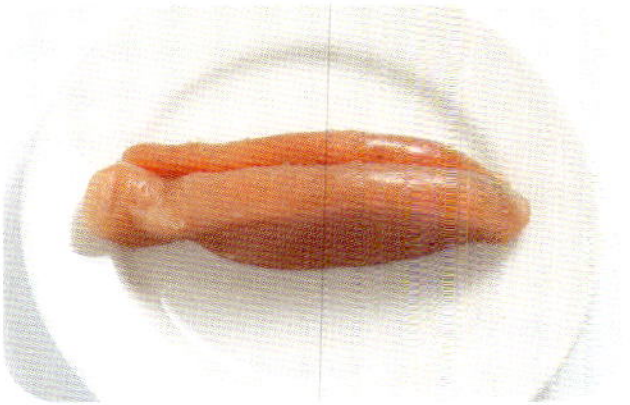

再冷凍しても味の落ちにくいたらこは、市販品を冷凍保存しても○。一腹ずつラップに包んだり、使いやすい大きさに切り分けておくと、便利です。

小分けしてラップで包む

1 小分けにして、急速冷凍する

1腹のものはそのままラップで包み、一口大に切ったものは、ラップを敷いた金属製トレイに間隔をあけて並べる。それぞれ、急速冷凍する。

2 冷凍用保存袋に入れる

凍ったら、冷凍用保存袋に入れる。

解凍法

冷蔵室で自然解凍、凍ったままグリルで焼いてもＯＫ

調理例

タラモサラダ ➡**P129**

ちりめんじゃこ・しらす

ちりめんじゃこやしらすは一度に食べきれないことが多いので、残った分はすぐ冷凍したほうが安心。使い勝手がいいように、小分けにして冷凍を。

小分けしてラップで包む

1 小分けにしてラップで包む

使いやすい量に小分けし、平らになるようにラップでぴっちり包む。

2 急速冷凍してから冷凍用保存袋へ

急速冷凍し、凍ったら冷凍用保存袋に入れる。

解凍法

冷蔵室で自然解凍、凍ったまま調理

いくら

解凍法

冷蔵室で自然解凍

調理例

たいの和風カルパッチョ
➡P106

カップに小分けする

冷凍用密閉容器にカップを置き、粒がつぶれないようにいくらを入れる。密封して、急速冷凍する。

かまぼこ

板をはずしてラップで包む

板をはずしてから、使いやすい大きさに切ってラップで包む。急速冷凍して凍ったら、冷凍用保存袋に入れる。

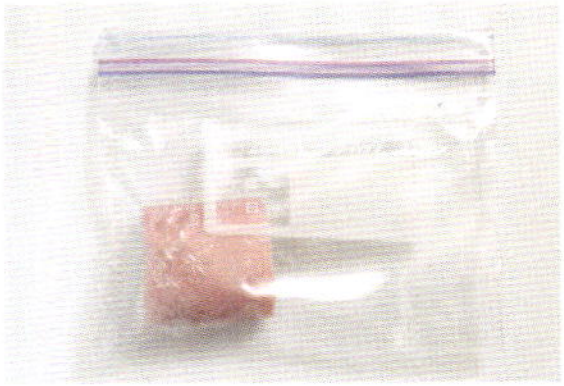

解凍法

冷蔵室で自然解凍、薄切りなら凍ったままでも調理ＯＫ

ちくわ

1本ずつラップで包む

使いやすいように1本ずつラップで包み、急速冷凍して凍ったら、冷凍用保存袋に入れる。

解凍法

冷蔵室で自然解凍

さつま揚げ

1枚ずつラップで包む

使いやすいように1枚ずつラップで包み、冷凍用保存袋に入れる。急速冷凍して凍ったら、冷凍用保存袋に入れる。

解凍法

冷蔵室で自然解凍

調理例

ほうれんそうの卵とじ
➡P129

青菜

ほうれんそう、小松菜、春菊などの青菜は、傷みが早いので、すぐ使わない場合は冷凍保存を。さっとゆでて水気をよくしぼり、小分けにしてラップで包みます。

ゆでて小分けする

1 根元から入れてゆでる

塩をひとつまみ入れた熱湯に根元から入れ、さっとくぐらせる程度にゆでたら、冷水に取り色止めをする。

2 水気をしぼる

根元をそろえて持ち、手で軽く握るようにして水気をしぼる。

3 小分けにして急速冷凍

3〜5㎝長さに切り、小分けにして、金属製トレイにラップを敷いて並べ、ラップをかぶせて急速冷凍後、冷凍用保存袋に入れる。

解凍法

電子レンジ解凍、熱湯でゆでて解凍、凍ったまま調理

調理例

〈ほうれんそう〉
ほうれんそう入りスクランブルエッグ➡**P101**
ゆで野菜サラダ➡**P103**
トマトとほうれんそうのマカロニスープ➡**P119**
ほうれんそうの卵とじ➡**P129**
〈小松菜〉
小松菜とにんじんのおかか炒め➡**P99**
小松菜のかき玉スープ➡**P104**
生揚げと豚肉のチャンプルー➡**P109**
小松菜とゆで豚のエスニックサラダ➡**P112**
〈春菊〉
さけ雑炊➡**P118**

ブロッコリー・カリフラワー

お弁当のおかずなどに重宝するブロッコリーやカリフラワー。小房に分けて冷凍しておくと、使いたい量だけ解凍できて便利。ブロッコリーは彩りよくさっとゆでること。

小房に分けてゆでる

1 小房に分けてゆでる

小房に切り分け、かためにに塩ゆでする。

2 冷水に取って冷ます

冷水に取って冷まし、余分な水気をふく。

3 急速冷凍してから冷凍用保存袋へ

金属製トレイにラップを敷き、間隔をあけて並べる。ラップをかぶせて急速冷凍し、凍ったら冷凍用保存袋に入れる。

解凍法

室温で自然解凍、電子レンジ解凍、熱湯でゆでて解凍、凍ったまま調理

調理例

〈ブロッコリー〉
ウインナーとブロッコリー入りポテトサラダ➡**P105**
蒸し鶏と野菜のクリームシチュー➡**P108**
えびとブロッコリーの白あえ➡**P131**
〈カリフラワー〉
ゆで野菜サラダ➡**P103**
たらとカリフラワーのグラタン➡**P126**

玉ねぎ

玉ねぎは用途に応じて切り分け、炒めて冷凍しておくと調理の時間がスピードアップ。薄切りなら、カレーやビーフシチューに、みじん切りならハンバーグに利用できます。

切り分けて炒める

1 薄切りとみじん切りにする

薄切りやみじん切りなど、使いやすい大きさに切り分ける。

2 茶色くなるまで炒める

フライパンにサラダ油を熱し、玉ねぎが茶色く色づくまで炒める。

3 トレイに広げて急速冷凍

冷めたら金属製トレイにラップを敷いて広げ、ラップをかぶせて急速冷凍。使いやすい量に分け、冷凍用保存袋に入れる。

解凍法

室温で自然解凍、電子レンジ解凍、凍ったまま調理

調理例

玉ねぎスープ➡**P105**
蒸し鶏と野菜のクリームシチュー➡**P108**

にら

冷凍しても味や食感に変化の少ないにらは、冷凍保存向き。生のまま細かく刻んで冷凍すれば、ギョーザやチヂミの具から料理の彩りまで幅広く利用できます。

細かく刻む

1 1cm幅くらいに刻む

にらは、洗ってしっかり水気をふき取り、1㎝幅くらいに細かく刻む。

2 急速冷凍してから冷凍用保存袋へ

金属製トレイにラップを敷き、なるべく重ならないように広げる。ラップをかぶせて急速冷凍し、凍ったら冷凍用保存袋に入れる。

解凍法

凍ったまま調理

調理例

いかとにらのチヂミ➡**P114**

トマト

トマトは生のまま丸ごと冷凍が可能。ヘタをくり抜いておくと、凍ったまま皮がむけます。ただし、解凍しても元の状態には戻らないので、ソースやトマト煮など加熱調理に。トマト缶を使ったソースも冷凍しておくと、いろいろな料理に生かせます。

丸ごと冷凍する

きれいに洗い、ヘタをくり抜いて取る。ラップで包み、急速冷凍してから冷凍用保存袋に入れる。

解凍法

皮をむいてから電子レンジ解凍、凍ったまま調理

皮をむいてザク切りする

1 湯むきして、ザク切りにする

ヘタを取り、お玉にのせて熱湯にくぐらせる。冷水に取って皮をむき、ザク切りにする。

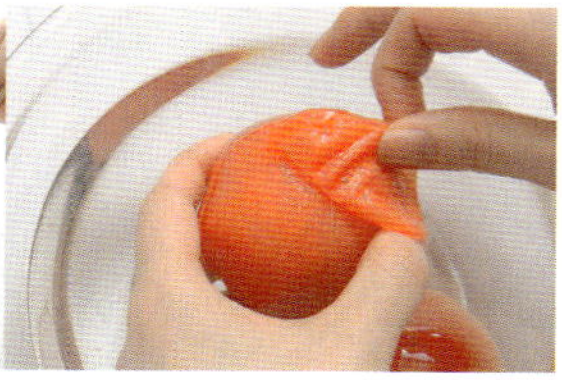

2 冷凍用保存袋に入れて、急速冷凍

冷凍用保存袋に入れて平らにし、急速冷凍する。

解凍法

電子レンジ解凍、炒め物や煮物の場合は凍ったまま調理

調理例

トマトとほうれんそうのマカロニスープ➡P119

トマトソースにする

1 にんにくと玉ねぎを炒める

なべにオリーブオイル大さじ1、みじん切りのにんにく1/2かけ分を入れて火にかけ、香りが出たら、みじん切りの玉ねぎ1/8個分を加えてしんなりするまで炒める。

2 弱火でじっくり煮込む

トマト缶2缶、ローリエ1/2枚、塩小さじ1/4、コショウ少々を加えて混ぜ、沸騰後、弱火でときどき混ぜながら20分くらい煮る。

3 冷凍用保存袋に入れて、急速冷凍

冷めたら、使いやすい量に分けて冷凍用保存袋に入れ、急速冷凍する。

解凍法

冷蔵室か室温で自然解凍、電子レンジ解凍

調理例

鶏肉ときのこのトマト煮
➡P103
あじのパン粉焼き➡P107

大根

大根は厚切りにして冷凍すると、解凍したときにスカスカになって風味も落ちてしまいます。おろして冷凍するのがベストですが、生なら千切りに、ゆでて冷凍するなら薄めの半月切りにするといいでしょう。

千切りにする

1 千切りにする

薄く輪切りにしてから千切りにする。

2 急速冷凍してから冷凍用保存袋へ

金属製トレイにラップを敷き、重ならないように広げる。ラップをかぶせて急速冷凍し、凍ったら冷凍用保存袋へ入れる。

解凍法

室温で自然解凍、電子レンジ解凍、凍ったまま調理

調理例

凍ったまま味噌汁やスープに。自然解凍して水気を絞り、しょうゆなどを混ぜると漬け物風になる

半月切りにしてゆでる

1 薄い半月切りにしてゆでる

1cmくらいの厚さの半月切りにする。かためにゆでて水にさらし、冷まして水気をふく。

2 急速冷凍してから冷凍用保存袋へ

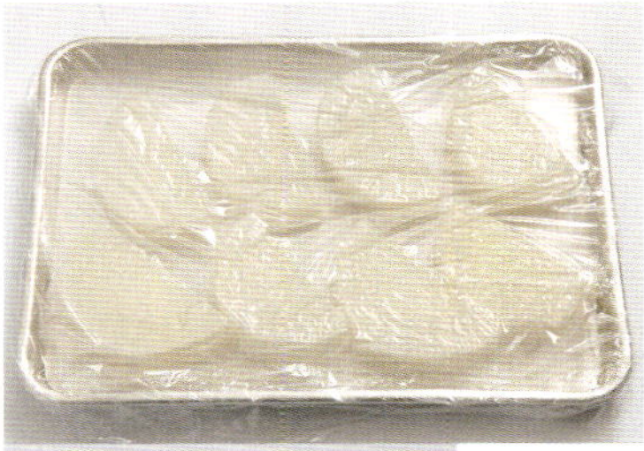

金属製トレイにラップを敷き、間隔をあけて並べる。ラップをかぶせて急速冷凍し、凍ったら冷凍用保存袋へ入れる。

解凍法

室温で自然解凍、電子レンジ解凍、煮物などは凍ったまま調理してOK

おろして小分けする

1 すりおろして冷凍用保存袋へ

皮をむき、すりおろして、軽く水気を切る。使いやすい量に分けて冷凍用保存袋に入れる。

2 酢を入れてなじませる

おろしてから時間がたつと辛味が増すため、酢を少々入れて防止する。保存袋の口を閉じ、上から手でもむようにして全体に酢をなじませる。

3 平らにして、急速冷凍

保存袋を薄く平らにして、急速冷凍する。

解凍法

冷蔵室か室温で自然解凍

調理例

薬味おろし納豆➡P100

まぐろのおろしあえ➡P131

キャベツ

キャベツの風味や食感をキープするには、新鮮なうちに加熱して冷凍することがポイント。生のままでは冷凍できないので、ゆでたり、炒めたりしてから冷凍しておけば、炒め物や煮物、スープなど幅広く利用できます。

1枚ずつゆでる

1 かためにゆでる

葉を1枚ずつはがし、かために塩ゆでする。冷水に取って冷まし、水気をふく。

2 急速冷凍してから冷凍用保存袋へ

金属製トレイにラップを敷き、なるべく重ならないように広げる。ラップをかぶせて急速冷凍し、凍ったら冷凍用保存袋に入れる。

解凍法

室温で自然解凍、電子レンジ解凍、熱湯でゆでて解凍、煮物の場合は凍ったままでOK

調理例

キャベツとオクラのごま炒め ➡**P97**
たいの中華蒸し ➡**P122**

ザク切りして炒める

1 切ってさっと炒める

食べやすい大きさにザク切りする。フライパンにサラダ油を熱し、さっと炒める。

2 急速冷凍してから冷凍用保存袋へ

金属製トレイにラップを敷き、なるべく重ならないように広げる。ラップをかぶせて急速冷凍し、凍ったら冷凍用保存袋に入れる。

解凍法

室温で自然解凍、電子レンジ解凍、煮物の場合は凍ったままでOK

白菜

水分の多い白菜は、本来、冷凍には不向きな野菜です。冷凍するときは、葉の部分と芯の部分を分けて、かためにゆでること。

葉と芯に分けてゆでる

1 葉と芯に切り分ける

火の通りが違うので、葉と芯に切り分ける。

2 かためにゆでる

先に芯を入れてから葉を入れ、かために塩ゆでする。冷水に取って冷まし、水気をふく。

3 急速冷凍してから冷凍用保存袋へ

金属製トレイにラップを敷き、なるべく重ならないように広げる。ラップをかぶせて急速冷凍し、凍ったら冷凍用保存袋に入れる。

解凍法

室温で自然解凍、熱湯でゆでて解凍、炒め物や煮物の場合は凍ったままでＯＫ

きゅうり

水分の多いきゅうりは、１本のままでは冷凍できません。輪切りにしてから塩もみして冷凍すれば、酢の物やサラダ、あえ物、サンドイッチなどに使えます。

輪切りにして塩もみする

1 塩もみして水気を切る

薄い輪切りにし、塩少々をふってもみ込む。しんなりしたら、水でざっと洗い、手で水気をしぼる。

2 急速冷凍してから冷凍用保存袋へ

金属製トレイにラップを敷き、なるべく重ならないように広げる。ラップをかぶせて急速冷凍し、凍ったら冷凍用保存袋に入れる。

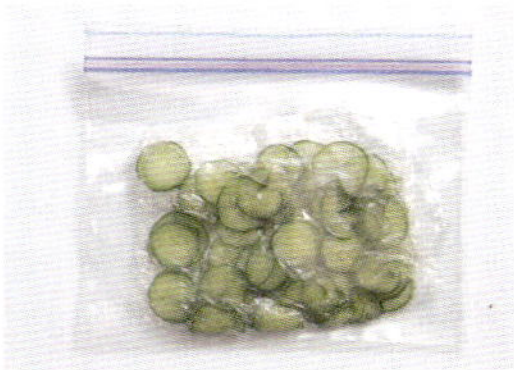

解凍法

冷蔵室か室温で自然解凍し、水分をしぼってから調理

調理例

錦糸卵ときゅうりのポン酢かけ➡P100

ごぼう

繊維の多いごぼうは、大きく切って冷凍すると、解凍後に筋っぽくなりNG。ささがきや薄切りなどに切り分けて冷凍しましょう。生のまま冷凍するときは、酢水につけてアク抜きすることが大切です。

ささがきにする

1 ささがきして酢水につける

包丁の背で皮をこそげ落とし、縦に数本切り込みを入れて、ささがきにする。削り取るそばから酢水（水1ℓにつき酢大さじ1）にさらしてアクを抜き、洗って水気をふく。

2 急速冷凍してから冷凍用保存袋へ

金属製トレイにラップを敷き、なるべく重ならないように広げる。ラップをかぶせて急速冷凍し、凍ったら冷凍用保存袋に入れる。

解凍法
室温で自然解凍、電子レンジ解凍、煮物の場合は凍ったままでOK

薄切りしてゆでる

1 ゆでて水気を取る

ごぼうは薄切りにして、かためにゆでる。水気をしっかりふき、冷ます。

2 急速冷凍してから冷凍用保存袋へ

冷めたら、金属製トレイにラップを敷き、なるべく重ならないように並べる。ラップをかぶせて急速冷凍し、凍ったら冷凍用保存袋に入れる。

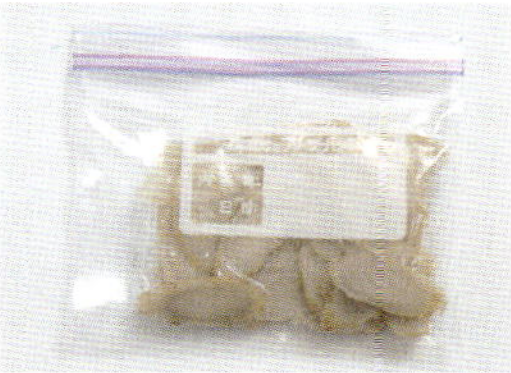

解凍法
室温で自然解凍、電子レンジ解凍、煮物の場合は凍ったままでOK

調理例
鶏肉とごぼう、きぬさやの黒酢炒め➡P125

かぼちゃ

かぼちゃは、冷凍してもほとんど味落ちしない冷凍向き素材。冷凍法は、ゆでると水っぽくなるので、切り分けてから蒸すか電子レンジで加熱しましょう。つぶしてマッシュにするのもおすすめです。

電子レンジで蒸す

1 一口大に切り分ける

種とワタを取り除き、一口大に切る。

2 電子レンジで加熱する

耐熱皿に並べてラップをかけ、電子レンジで加熱する。

3 急速冷凍してから冷凍用保存袋へ

冷めたら、金属製トレイにラップを敷き、間隔をあけて並べる。ラップをかぶせて急速冷凍し、凍ったら冷凍用保存袋に入れる。

解凍法

室温で自然解凍、電子レンジ解凍

調理例

かぼちゃのサラダ➡**P97**

マッシュにする

1 電子レンジで加熱

一口大に切り、耐熱皿に並べてラップをかけ、電子レンジで加熱する。

2 つぶしてマッシュにする

粗熱が取れたら、マッシャーやすりこ木などでつぶす。

3 冷凍用保存袋に入れて、急速冷凍

冷めたら、冷凍用保存袋に平らになるように入れ、急速冷凍する。

解凍法

冷蔵室か室温で自然解凍、電子レンジ解凍

調理例

かぼちゃの茶巾絞り➡**P127**

ピーマン・パプリカ

ピーマンやパプリカは、食べやすく切り分けて、さっとゆでてから冷凍を。生で冷凍したいときは、細切りにして冷凍し、凍ったまま調理すれば、凍結・解凍時間が短縮されて、おいしく食べられます。

細切りしてゆでる

1 切ってさっとゆでる

ヘタと種を取り除き、細切りにする。さっと塩ゆでして水に取り、水気を切る。

2 急速冷凍してから冷凍用保存袋へ

冷めたら、金属製トレイにラップを敷き、なるべく重ならないように広げる。ラップをかぶせて急速冷凍し、凍ったら冷凍用保存袋に入れる。

生のままでもＯＫ

細切りにしたピーマンは、そのまま急速冷凍して冷凍保存することもできる。

解凍法

電子レンジ解凍、凍ったまま調理

調理例

〈ピーマン〉

牛肉ときのこのオイスターソース炒め➡**P123**

揚げなすとピーマンのごま味噌炒め➡**P128**

切り分けてゆでる

1 切って、色よくゆでる

ヘタと種を取り除き、半分に切るか、乱切りにする。さっと塩ゆでし、色がくっきりしたら水に取って冷まし、水気をふく。

2 急速冷凍してから冷凍用保存袋へ

冷めたら、金属製トレイにラップを敷き、間隔をあけて並べる。ラップをかぶせて急速冷凍し、凍ったら冷凍用保存袋に入れる。

解凍法

電子レンジ解凍、熱湯でゆでて解凍、炒め物や煮物の場合は凍ったままでＯＫ

調理例

〈パプリカ〉

鶏肉とごぼう、きぬさやの黒酢炒め➡**P125**

アスパラガス

鮮やかな彩りで、パスタやサラダ、炒め物にと、何かと重宝するアスパラガス。食べやすい大きさに切り分けてゆでておくと、さっと使えて便利です。

切り分けてゆでる

1 使いやすい大きさに切る

根元のかたい部分を切り落とし、使いやすい大きさに切り分ける。

2 ゆでて水気をふき取る

沸騰した湯に、アスパラガスを根元から入れ、かために塩ゆでする。色がくっきりしたら、冷水に取って冷まし、水気をしっかりふき取る。

3 急速冷凍してから冷凍用保存袋へ

冷めたら、金属製トレイにラップを敷き、間隔をあけて並べる。ラップをかぶせて急速冷凍し、凍ったら冷凍用保存袋に入れる。

解凍法

電子レンジ解凍、熱湯でゆでて解凍、炒め物や煮物などは凍ったままでＯＫ

調理例

えびとアスパラガスのスパゲティー➡**P105**

たことアスパラガスのアンチョビ炒め➡**P113**

オクラ

オクラの表面の毛は、食べたときの口あたりが悪いだけでなく、冷凍保存中の味落ちの原因に。塩をまぶしてこすり取ってから、ゆでて冷凍しましょう。

下処理してゆでる

1 ヘタとうぶ毛を取る

ヘタは包丁で削り取り、うぶ毛は表面に塩をまぶしてこすり取る。

2 ゆでて水気をふき取る

塩がついたままかためにゆでて冷水に取り、水気をしっかりふき取る。１本のままのほか、小口切りにしてもいい。

3 急速冷凍してから冷凍用保存袋へ

冷めたら、金属製トレイにラップを敷き、間隔をあけて並べる。ラップをかぶせて急速冷凍し、凍ったら冷凍用保存袋に入れる。

解凍法

冷蔵室か室温で自然解凍、炒め物の場合は凍ったままでOK

調理例

キャベツとオクラのごま炒め➡**P97**

オクラと山いものいくらかけ➡**P113**

にんじん

冷蔵室で保存しておいたにんじんは、気づくとしなびていることも。千切りや角切り、短冊切りなど使いやすい形に切り分け、ゆでてから冷凍しましょう。千切りなら、生のまま冷凍することも可能。

千切りにする

1 皮をむいて千切りに

皮をむいてから千切りにする。

2 急速冷凍してから冷凍用保存袋へ

金属製トレイにラップ敷いて、なるべく重ならないように広げる。ラップをかぶせて急速冷凍し、凍ったら冷凍用保存袋に入れる。

解凍法

室温で自然解凍、熱湯でゆでて解凍、凍ったまま調理

切り分けてゆでる

1 ゆでて水気をふき取る

角切りや短冊切りなど、使いやすい形に切り分けたら、中まで火を通さない程度にかためにゆでる。冷水に取って冷まし、水気をしっかりふき取る。

2 急速冷凍してから冷凍用保存袋へ

冷めたら、金属製トレイにラップを敷き、重ならないように広げる。ラップをかぶせて急速冷凍し、凍ったら冷凍用保存袋に入れる。

解凍法

電子レンジ解凍、熱湯でゆでて解凍、煮物の場合は凍ったままでOK

調理例

小松菜とにんじんのおかか炒め➡**P99**
蒸し鶏と野菜のクリームシチュー➡**P108**

なす

なすの冷凍は、解凍してもほとんど味や食感の変わらない焼きなすがおすすめ。時間も手間もかかるので、まとめて作っておいては。輪切りや乱切りにして、揚げてから冷凍することもできます。

焼きなすにする

1 皮が焦げるまで焼く

ヘタを切り落とし、魚焼きグリルか焼き網で、ときどき転がしながら、皮が真っ黒になるまで焼く。

2 熱いうちに皮をむく

粗熱が取れたら、手で皮をむく。

3 急速冷凍してから冷凍用保存袋へ

冷めたら、金属製トレイにラップを敷き、間隔をあけて並べる。ラップをかぶせて急速冷凍し、凍ったら冷凍用保存袋に入れる。

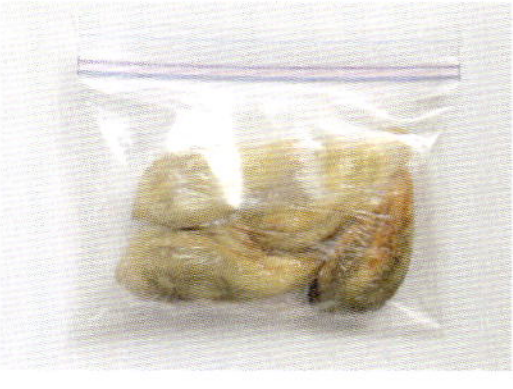

解凍法

冷蔵室か室温で自然解凍、電子レンジ解凍、煮物などは凍ったままでOK

調理例

焼きなすの味噌汁➡P100

揚げなすにする

1 切り分けて揚げる

ヘタを切り落とし、輪切りや乱切りなど、食べやすい形に切り分ける。なべに油を熱し、なすを揚げてから油を切る。

2 急速冷凍してから冷凍用保存袋へ

冷めたら、金属製トレイにラップを敷き、間隔をあけて並べる。ラップをかぶせて急速冷凍し、凍ったら冷凍用保存袋に入れる。

解凍法

室温で自然解凍、電子レンジ解凍、凍ったまま調理

調理例

揚げなすとピーマンのごま味噌炒め➡P128

さやいんげん・さやえんどう

ちょっと緑を添えたいときに大活躍のさやいんげんやさやえんどう（きぬさや）。どちらもさっとゆでて冷凍しておくと、煮物から炒め物までいろいろな料理に使えて便利です。

下処理してゆでる

1 ヘタと筋を取る

さやいんげん、さやえんどうは、ヘタと筋を取る。

2 ゆでて冷水に取る

かためにく塩ゆでし、冷水に取って、水気をふく。

3 急速冷凍してから冷凍用保存袋へ

冷めたら、金属製トレイにラップを敷き、重ならないように並べる。ラップをかぶせて急速冷凍し、凍ったら冷凍用保存袋に入れる。

解凍法

電子レンジ解凍、熱湯でゆでて解凍、煮物などの場合は凍ったままでOK

調理例

〈さやいんげん〉ほたての黄金煮➡P120
〈さやえんどう〉鶏肉とごぼう、きぬさやの黒酢炒め➡P125

きのこ類

きのこ類は意外に冷凍向き。小房に分けて石づきを取り除けば、生のままでも冷凍できます。水気がついたまま冷凍すると、風味が落ちるので注意しましょう。

きのこミックスにする

1 食べやすい大きさに切る

生しいたけ3枚は軸を切っていちょう切り、エリンギ1パックは斜め切り、しめじ大1パックは石づきを切って小房に分ける。

2 しんなりするまで炒める

フライパンにサラダ油小さじ2を熱し、きのこを入れてしんなりするまで炒めたら、塩、コショウ各少々を加える。

3 冷凍用保存袋に入れて、急速冷凍

冷めたら、冷凍用保存袋に平らになるように入れ、急速冷凍する。

生のままでもOK

石づきを落としたきのこ類は、生のまま冷凍も可能。しめじやえのきだけなどは、小房に分けておくと後で使いやすい。

解凍法

室温で自然解凍、電子レンジ解凍、凍ったまま調理

調理例

〈きのこミックス〉
きのこピザトースト➡P101
鶏肉ときのこのトマト煮➡P103
〈しめじ〉
さけ雑炊➡P118
〈えのき〉
牛肉ときのこのオイスターソース炒め➡P123

じゃがいも

じゃがいもは加熱してから冷凍しても、解凍すると食感が変わってしまいます。電子レンジで加熱してから、マッシュポテトにして冷凍するのがおすすめです。

マッシュにする

1 電子レンジで加熱する

洗って、皮つきのまま1個ずつラップで包む。耐熱皿にのせて、1個につき約2分30秒加熱する。

2 熱いうちにつぶす

熱いうちに皮をむき、マッシャーやすりこ木などでつぶす。

3 冷凍用保存袋に入れて、急速冷凍

冷めたら、冷凍用保存袋に平らになるように入れ、急速冷凍する。

解凍法

電子レンジ解凍

調理例

ウインナーとブロッコリー入りポテトサラダ➡P105

タラモサラダ➡P129

さつまいも

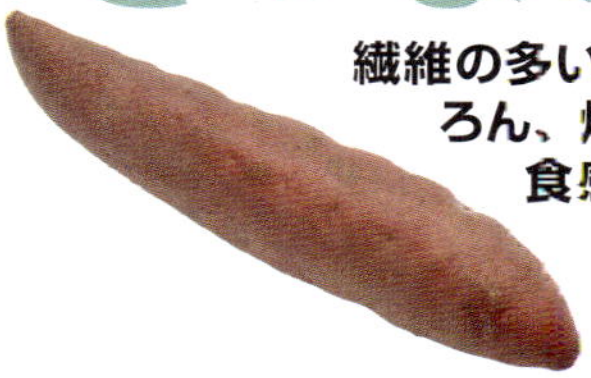

繊維の多いさつまいもは、生はもちろん、焼きいもにして冷凍しても食感が変わることがあります。電子レンジで蒸すか、マッシュにしてから冷凍しましょう。

電子レンジで蒸す

1 電子レンジで加熱する

洗って、皮つきのまま1本ずつラップで包む。耐熱皿にのせて、1本につき約2～3分加熱する。

2 輪切りにして急速冷凍

1㎝厚さの輪切りにして冷まし、ラップを敷いた金属製トレイに間隔をあけて並べ、ラップをかぶせて急速冷凍する。

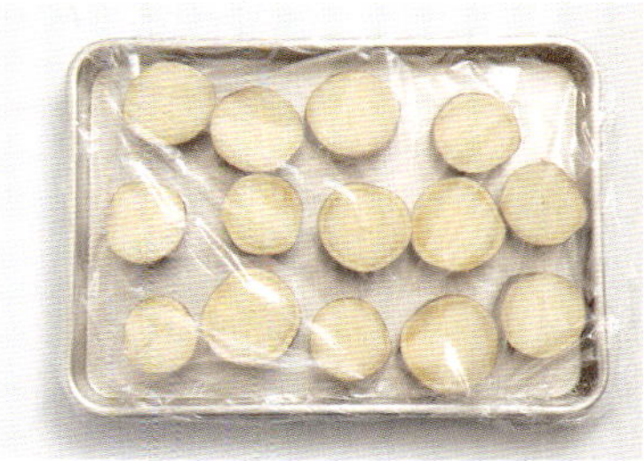

3 冷凍用保存袋に入れる

凍ったら、重ならないように、冷凍用保存袋に入れる。

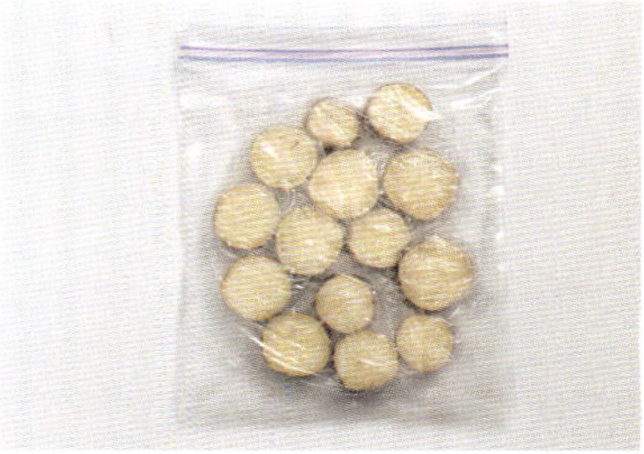

解凍法

室温で自然解凍、電子レンジ解凍

調理例

さつまいものメープルシロップ焼き➡P119

里いも

煮物の定番、里いも。皮をむいてぬめりを取り、ゆでてから冷凍しておきましょう。凍ったまま煮物などにすぐ使えるので、とても便利な冷凍素材です。

切り分けてゆでる

1 切り分けて塩もみする

皮をむき、食べやすい大きさに切り分ける。塩をふってもんだら洗い流し、ぬめりを取る。

2 やわらかくゆでる

外側がとろけない程度にしっかり中まで火を通し、湯を切って冷ます。

3 急速冷凍してから冷凍用保存袋へ

冷めたら、金属製トレイにラップを敷き、間隔をあけて並べる。ラップをかぶせて急速冷凍し、凍ったら冷凍用保存袋に入れる。

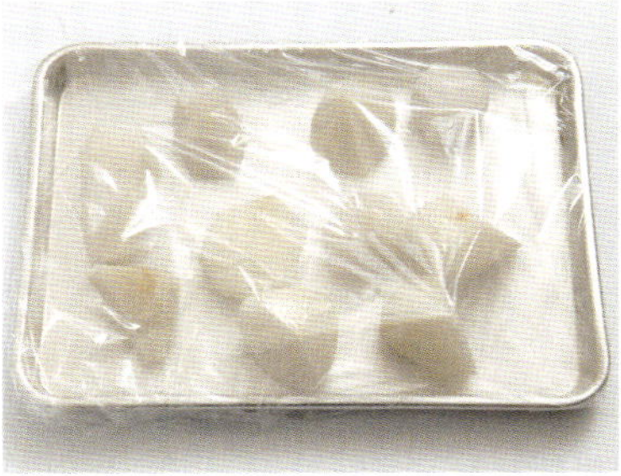

解凍法

室温で自然解凍、電子レンジ解凍、煮物の場合は凍ったままでＯＫ

調理例

里いもとひき肉の韓国風そぼろ煮➡P130

山いも

水分の多い山いもも、すりおろしてから冷凍すれば、粘り気もそのままに冷凍保存できます。食べるときは、室温に置いておけばすぐに解凍できます。

おろして小分けする

1 皮をむき、酢水にひたす

皮をむいて、酢水にひたし、水気をふく。

2 すりおろして冷凍用保存袋へ

おろし金ですりおろし、使いやすい量に分けて冷凍用保存袋に入れる。

3 平らにして、急速冷凍

薄く平らにして、急速冷凍する。

解凍法

冷蔵室か室温で自然解凍

調理例

オクラと山いものいくらかけ➡P113

香味野菜

料理のアクセントとなる香味野菜。一度に少量しか使わないので、その都度、洗って切ったりおろしたりするのは面倒なもの。まとめて下処理をして冷凍しておくと、必要なときにすぐ使えるので重宝します。

長ねぎ・万能ねぎ

小口切りにする

小口切りにしてから、小分けにしてラップで薄く平らに包み、急速冷凍してから冷凍用保存袋に入れる。

解凍法
室温で自然解凍、凍ったまま調理

にんにく・しょうが

目的別に切り分ける

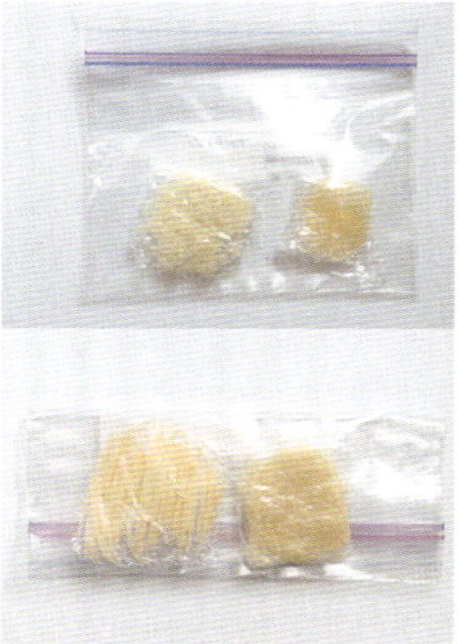

1かけずつ冷凍してもいいが、すりおろしておくと便利。にんにくはみじん切り、しょうがはせん切りにしても、使い勝手がよい。それぞれ小分けにしてラップで薄く平らに包み、急速冷凍してから冷凍用保存袋に入れる。

解凍法
室温で自然解凍、凍ったまま調理

パセリ

そのまま冷凍する

水気をよくふき、冷凍用保存袋に入れる。凍ってから手でもむと、みじん切りの状態に。

解凍法
凍ったまま調理

青じそ

小分けにする

2、3枚ずつ、使いやすい量に分けてラップでぴっちり包み、急速冷凍してから冷凍用保存袋に入れる。

解凍法
室温で自然解凍

みょうが

薄切り、千切りにする

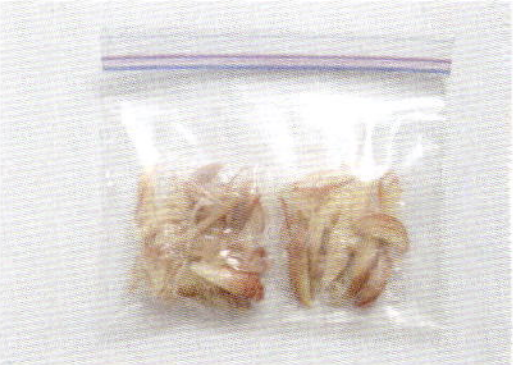

薄切りや千切りなど、使い道に合わせて切る。小分けにしてラップで薄く平らに包み、急速冷凍してから冷凍用保存袋に入れる。

解凍法
室温で自然解凍、凍ったまま調理

バナナ

輪切りにする

皮をむいて輪切りにし、金属製トレイにラップを敷いて、間隔をあけて並べる。レモン汁をかけてからラップをかぶせ、急速冷凍する。凍ったら冷凍用保存袋に入れる。

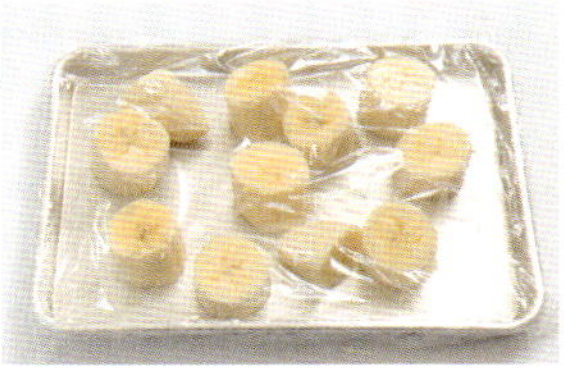

解凍法

凍ったまま食べる、ジュースにするときは凍ったままミキサーに入れる、加熱調理をするときは冷蔵室か室温で自然解凍

調理例

バナナミルク ➡**P101**
バナナマフィン ➡**P115**

ぶどう

実を枝からはずす

枝から一粒ずつ実をはずし、洗って水気をふき取る。金属製トレイにラップを敷いて、間隔をあけて並べる。ラップをかぶせて急速冷凍し、凍ったら冷凍用保存袋に入れて密封する。

解凍法

凍ったまま食べる（水にさっとつけると皮がむける）

りんご

ピューレにする

りんご1個（200ｇ）は皮をむいて、しんを取る。ボウルにレモン汁大さじ1を入れ、りんごを手早くすりおろして混ぜる。冷凍用保存袋に入れ、薄く平らにして急速冷凍する。

解凍法

冷蔵室か室温で自然解凍、電子レンジ解凍

調理例

アップルブラマンジェ
➡**P117**

いちご

ヘタを取って丸ごと冷凍

洗ってからヘタを取り、金属製トレイにラップを敷いて、間隔をあけて並べる。ラップをかぶせて急速冷凍し、凍ったら冷凍用保存袋に入れて密封する。大粒の場合は縦半分に切ると凍りやすい。

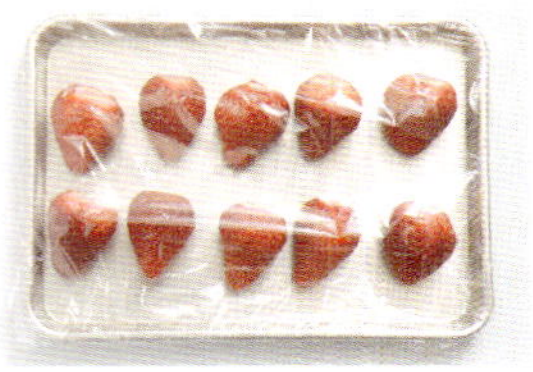

ピューレにする

1 ミキサーにかける

洗ってヘタを取り、ミキサーにかけてジュース状にする。

2 冷凍用保存袋に入れて、急速冷凍

冷凍用保存袋に入れて密封し、薄く平らにしてから急速冷凍する。

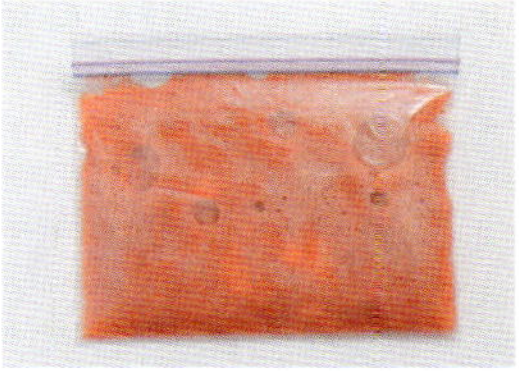

解凍法

丸ごと冷凍したものは凍ったまま食べるか、ミキサーにかけてジュースにする。ピューレは冷蔵室か室温で自然解凍、電子レンジ解凍

調理例

いちごミルクムース
➡**P116**

オレンジ・グレープフルーツ

一房ずつ薄皮をむく

一房ずつ薄皮をむき、金属製トレイにラップを敷いて、間隔をあけて並べる。ラップをかぶせて急速冷凍し、凍ったら冷凍用保存袋に入れて密封する。

解凍法

凍ったまま食べる、ミキサーにかけてジュースにする

調理例

〈オレンジ〉

ミックスフルーツジュース➡**P103**

シーフードミックスサラダ➡**P111**

すいか

一口大にカットする

皮から実をはずし、食べやすいように一口大に切って、できるだけ種を取り除く。金属製トレイにラップを敷いて、間隔をあけて並べる。ラップをかぶせて急速冷凍し、凍ったら冷凍用保存袋に入れて密封する。

解凍法

凍ったまま食べる、ミキサーにかけてジュースにする

パイナップル

一口大にカットする

皮から実をはずし、食べやすいように一口大に切る。金属製トレイにラップを敷いて、間隔をあけて並べる。ラップをかぶせて急速冷凍し、凍ったら冷凍用保存袋に入れて密封する。

解凍法

凍ったまま食べる、ミキサーにかけてジュースにする、フードプロセッサーにかけてシャーベットにする

調理例

ミックスフルーツジュース

➡**P103**

パイナップルシャーベット

➡**P117**

キウイ

薄切りにする

皮をむいて、薄い輪切りにする。金属製トレイにラップを敷いて、間隔をあけて並べる。ラップをかぶせて急速冷凍し、凍ったら冷凍用保存袋に入れて密封する。

解凍法

凍ったまま食べる、ミキサーにかけてジュースにする

調理例

ミックスフルーツジュース

➡**P103**

こんな果物も冷凍できる

ブルーベリー　金属製トレイにラップを敷き、重ならないように広げる。ラップをかぶせて急速冷凍してから、冷凍用保存袋に入れる。ブルーベリーソースにする場合は、ブルーベリー100 gにつき大さじ2程度の砂糖をかけ、電子レンジで加熱。冷めてから冷凍用保存袋に入れて平らにし、急速冷凍する。冷蔵室か室温で自然解凍し、ヨーグルトにかけたり料理に利用する。

メロン・マンゴー　皮と種を取り除き、一口大に切る。金属製トレイにラップを敷いて、間隔をあけて並べる。ラップをかぶせて急速冷凍してから冷凍用保存袋に入れる。

アボカド　種と皮を取り除き、薄切りにしてレモン汁をかける。金属製トレイにラップを敷いて、間隔をあけて並べる。ラップをかぶせて急速冷凍してから冷凍用保存袋に入れる。

卵

殻つきの生卵やゆで卵の冷凍はNGなので、ちょっと加工してクイックレシピに役立てましょう。まとめ買いしたときや余ったときは、薄焼き卵や炒り卵などにして冷凍しておくと時間のないときに大助かりです。

溶き卵にする

卵をよくときほぐし、冷凍用密閉容器に入れて急速冷凍する。少量ならラップで巾着のように包んでから冷凍用密閉容器に入れて急速冷凍するといい。卵白だけの場合はほぐさないで同様に冷凍できる。卵黄は食感が変わるので、下記の方法で炒り卵にするのがおすすめ。

解凍法
冷蔵室で自然解凍

炒り卵にする

1 溶き卵を炒って、そぼろ状にする

卵3個をときほぐし、砂糖大さじ1と1/3、塩小さじ1/5を混ぜ合わせる。フッ素樹脂加工のフライパンに卵を入れ、菜箸数本で混ぜながら、炒り卵を作る。

2 急速冷凍してから冷凍用保存袋へ

金属製トレイにラップを敷いて、炒り卵を薄く広げ、ラップをかぶせてから急速冷凍する。凍ったら冷凍用保存袋に入れて密封する。

解凍法
電子レンジ解凍

薄焼き卵にする

1 溶き卵を流し込んで、薄く焼き上げる

卵2個をときほぐし、砂糖小さじ2、塩少々を混ぜ合わせる。フライパンを熱してサラダ油を薄く敷き、溶き卵を1/4ずつ流し入れて、薄焼き卵を4枚焼く。

ポイント 卵を裏返すときは、下から竹串を差し込んで卵を持ち上げ、表の面を下にしてゆっくりと戻すのがコツ。卵焼き器は幅が均一なので、フライパンよりも作りやすいはず。

2 1枚ずつラップをして急速冷凍

冷めたところで1枚ずつラップに包み、急速冷凍してから冷凍用保存袋に入れる。

解凍法
冷蔵室か室温で自然解凍、電子レンジ解凍

錦糸卵にする

薄焼き卵を千切りにして、錦糸卵を作る。小分けにしてラップに薄く平らに包み、金属製トレイにのせて急速冷凍してから、冷凍用保存袋に入れる。

解凍法
冷蔵室か室温で自然解凍、電子レンジ解凍

調理例
錦糸卵ときゅうりのポン酢かけ ➡P100

牛乳

牛乳はそのまま冷凍できないので、ホワイトソースにして冷凍保存します。グラタンやクリームシチューなど出番の多いソースなので、特に調理時間のとれない人にはおすすめです。

ホワイトソースにする

1 ルーを牛乳でのばす

なべにバター大さじ3を溶かし、小麦粉大さじ6を入れて焦がさないように弱火で炒め、サラサラになってきたら火からはずす。牛乳4カップを加えて混ぜ、ローリエ1枚、玉ねぎ1切れ、塩小さじ1弱、コショウ少々を入れて再び火にかけ、中火で混ぜながら煮る。沸騰したら弱火にしてときどき混ぜながら4～5分煮て、ローリエと玉ねぎを取り出す。

2 冷凍用保存袋に入れ、急速冷凍

冷めたら、冷凍用保存袋に小分けにして入れる。小さな器に保存袋を入れて口を折り返し、ソースを入れるとよい。密封して薄く平らにし、急速冷凍する。

解凍法

電子レンジ解凍

調理例

蒸し鶏と野菜のクリームシチュー➡**P108**

ラザニア風グラタン➡**P111**

たらとカリフラワーのグラタン➡**P126**

ヨーグルト

加糖タイプは容器ごと冷凍

加糖タイプはそのまま冷凍室に入れてOK。プレーンヨーグルトはそのまま冷凍すると分離するので、砂糖かジャムを混ぜて冷凍用密閉容器に入れて冷凍保存。半解凍だとシャーベットのような舌ざわりになる。

解凍法

凍ったまま食べる

バター

切ってラップで包む

バターをあまり頻繁に使わない場合は、最初から半分くらいに切り分けて冷凍するとよい。銀紙の上から切ってそのままラップに包み、冷凍用保存袋に入れてから冷凍室に保存する。

解凍法

冷凍室から出して、すぐに使うことができる

生クリーム

ホイップして密閉容器に入れる

生クリームはホイップしてから、冷凍用密閉容器に入れるか、冷凍用保存袋に薄く平らにして入れ、急速冷凍する。

解凍法

冷凍室から出して、すぐに使うことができる

ピザ用チーズ

ラップに小分けにして包み、冷凍用保存袋に入れて急速冷凍する。ふつうのチーズは冷凍するとボソボソになるが、ピザ用チーズならあまり食感が変わらない。

解凍法

冷蔵室で自然解凍

豆腐

冷凍すると食感が変わってスカスカした感じになりますが、高野豆腐と同じように煮物などに使えます。木綿豆腐が余ったときは、白あえの衣にするのもおすすめです。

パックのままで

パックごと急速冷凍する。または、食べやすい大きさに切り、金属製トレイにラップを敷いて、間隔をあけて並べ、ラップをかぶせて急速冷凍してから冷凍用保存袋に入れる。解凍したら、水気を絞ってから使う。

解凍法
冷蔵室で自然解凍

白あえの衣にする

木綿豆腐は写真のようにペーパータオルに包んでから重しをして水気を切り、ストレーナーなどでこす。豆腐1/2丁（150ｇ）に対し、砂糖大さじ1/2、塩小さじ1/4、練りごま小さじ2、しょうゆ2～3滴を加えて混ぜ合わせる。冷凍用保存袋に入れて平らにし、急速冷凍する。

解凍法
冷蔵室で自然解凍

調理例
えびとブロッコリーの白あえ➡P131

納豆

パックのままで

パックごと急速冷凍してから、冷凍用保存袋に入れる。少量の場合はラップに包み、急速冷凍して冷凍用保存袋に入れる。

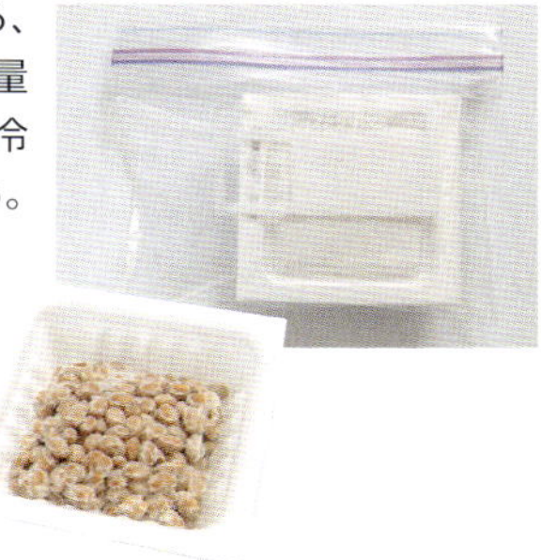

解凍法
冷蔵室か室温で自然解凍

調理例
薬味おろし納豆➡P100

大豆

大豆は戻したりゆでたりするのに時間がかかるので、まとめて調理して冷凍しておくのが効率的です。ゆで大豆にしておけば、ひじきの炒め煮に入れたり、甘煮にしたり、応用がききます。

戻してからゆでる

1 水につけて戻す

大豆は洗ってから、水につけて一晩置いて戻す。

2 弱火でゆでる

なべに大豆と水を入れ、沸騰したら弱火にして、やわらかくなるまでゆでる。

3 冷凍用保存袋に入れて急速冷凍

冷めたら、ゆで汁ごと冷凍用保存袋に入れ、密封して平らにしてから急速冷凍する。

解凍法
冷蔵室か室温で自然解凍、熱湯でゆでて解凍、煮物などは凍ったままで入れてOK

こんな豆も同じように冷凍

小豆やいんげん豆、ひよこ豆、うずら豆なども、大豆と同じようにゆでて冷凍可能。味をつけて煮豆にして冷凍する方法も。小豆の場合は、砂糖を加えて煮て、あんにしてから冷凍してもＯＫ。

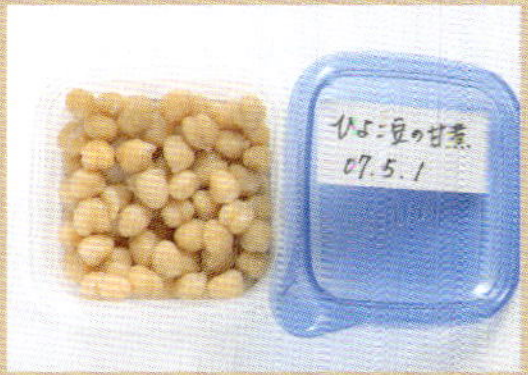

ひよこ豆の甘煮➡P152

油揚げ

油揚げは味噌汁の具から煮物、炒め物、煮びたし、いなりずしまで、脇役として大活躍する食材。冷凍してもほとんど味が落ちないので、冷凍室の定番にして使い回しましょう。

1枚ずつラップに包む

ラップに1枚ずつぴっちりと包み、急速冷凍したあと、冷凍用保存袋に入れる。

使いやすい大きさに切る

1 切ってから金属製トレイに広げる

千切り、細切り、短冊切りなど、使いやすい大きさに切ってから、金属製トレイにラップを敷いて重ならないように広げる。

2 急速冷凍してから冷凍用保存袋へ

ラップをかぶせて急速冷凍し、凍ったら冷凍用保存袋に入れて密封する。

解凍法

冷蔵室か室温で自然解凍、熱湯をかけて解凍、凍ったまま調理

いなりずしにする

油揚げを煮含めて、いなりずしを作り、1個ずつラップをして冷凍する。食べたい数だけすぐ取り出せるので、おやつや夜食、軽食に便利。

作り方・冷凍法・解凍法

ひじき入りいなりずし ➡P139

生揚げ

豆腐を揚げたものなので、冷凍するとちょっとスカスカした感じになります。でも、意外に傷みやすい食材なので、すぐに使わないときは冷凍して上手に使い切りたいものです。

使いやすい大きさに切る

1 熱湯で油抜きをする

沸騰したお湯に丸ごと入れて、油抜きをする。

2 切ってから金属製トレイに広げる

使いやすい大きさに切ってから、金属製トレイにラップを敷いて、くっつかないように並べる。ラップをかぶせて急速冷凍してから冷凍用保存袋に入れる。薄切りにしたほうが食感が変わりにくい。解凍したら、水気を絞ってから使う。

解凍法

冷蔵室か室温で自然解凍

調理例

生揚げと豚肉のチャンプルー ➡P109

おから

冷凍用保存袋に入れて急速冷凍

冷凍用保存袋に入れて密封し、薄く平らにしてから急速冷凍する。または、ラップに小分けにして包み、急速冷凍してから冷凍用保存袋に入れてもよい。

解凍法

冷蔵室で自然解凍

炒り煮にする

おからを野菜などといっしょに炒り煮にし、小分けにして冷凍する。あと一品ほしいときやお弁当のおかずに重宝。

作り方・冷凍法・解凍法

具だくさんおからの炒り煮 ➡P154

ごはん

冷蔵室で保存するとパサパサになりやすいごはんは、冷凍保存がおすすめです。水分がキープされるので、電子レンジで加熱すると炊きたての味がよみがえります。

1食分ずつラップで包む

ごはんが温かいうちに、ラップで1食分の分量を薄く平らに包む。冷めたら急速冷凍して、冷凍用保存袋に入れる。

1食分ずつ密閉容器に

ごはんが温かいうちに1食分を冷凍用密閉容器に入れ、冷めたらふたをして急速冷凍する。

解凍法

電子レンジ解凍

調理例

さけ雑炊➡P118

便利な冷凍用密閉容器

冷凍用密閉容器はふつう電子レンジでの解凍や温めもできるので、ごはんや調理済みの食材を冷凍するのに最適。長方形や正方形、丸形などいくつかのタイプがあり、サイズも1食分のごはんにぴったりのものから大型までいろいろ市販されている。お弁当用のおかずなども、冷凍用密閉容器にカップを何個かセットして小分けにして入れておくと便利。

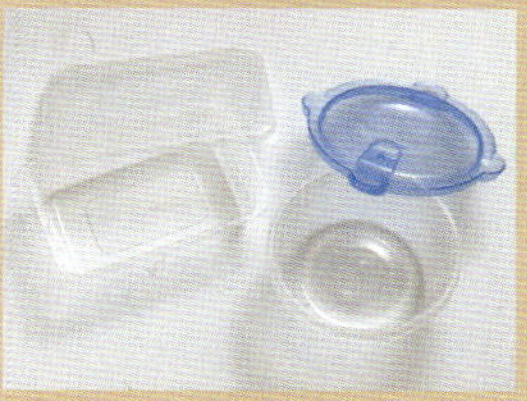

うどん・そば・中華麺

ゆでたうどんやそば、生の中華麺は、冷凍しても凍ったまま使えるので便利。まとめ買いして冷凍しておくと、ランチや夜食、軽食などにも手軽に利用できます。

袋ごと冷凍用保存袋に

市販の袋のまま冷凍用保存袋に入れて急速冷凍する。家でゆでた麺類は、水気をよく切ってから1食分ずつラップで薄く平らに包み、急速冷凍してから冷凍用保存袋に入れる。

解凍法

凍ったまま沸騰したお湯に入れてゆでる

焼きうどんや焼きそばにする

肉や魚介類、野菜などを具にして、焼きうどんや焼きそばを作り、1人分の分量で小分けにして冷凍する。電子レンジで解凍と温めを同時にできるので、すぐに食べられる。

作り方・冷凍法・解凍法

いか焼きそば➡P137

もち

1個ずつラップに包む

ラップに1個ずつぴっちり包み、金属製トレイに並べて急速冷凍してから、冷凍用保存袋に入れる。

解凍法

凍ったまま焼くか煮る、電子レンジ解凍

スパゲティー・マカロニ

パスタ類はまとめてゆでて冷凍しておくと、いろいろな使いみちがあります。スパゲティーはサラダやつけあわせに、マカロニはグラタンやスープにも使えるうれしい食材です。

ゆでて小分けにする

1 たっぷりの湯でゆでる

なべにたっぷりの湯を沸かし、塩（湯に対して１％）を入れて、スパゲティーやマカロニをゆでる。

2 全体にオイルを混ぜる

ゆで上がったらザルにあけ、熱いうちにオリーブオイルかサラダ油を少量かけて全体に混ぜる。これで、冷えたときもほぐれやすくなる。

3 冷凍用保存袋に入れて急速冷凍

冷えたら冷凍用保存袋に入れ、薄く平らにして急速冷凍する。

解凍法

電子レンジ解凍

調理例

〈マカロニ〉
トマトとほうれんそうのマカロニスープ➡**P119**

ナポリタンにする

ゆでたスパゲティーを具と炒めて、ケチャップや塩、コショウで味つけをしてナポリタンにする。1人分ずつ冷凍用保存袋に入れて冷凍しておくと便利。お弁当のつけあわせ用には、小さなカップに小分けにして冷凍用密閉容器に入れるのがおすすめ。

作り方・冷凍法・解凍法

きのこナポリタン➡**P136**

パン

ごはんと同じように、パンも冷蔵より冷凍保存に向いています。凍ったまま焼けるので、解凍の手間もかかりません。買ってきたらすぐ冷凍するのが、おいしさを保つ決め手です。

１枚ずつラップに包む

食パンはラップに１枚ずつぴっちり包み、金属製トレイに並べて急速冷凍してから、冷凍用保存袋に入れる。フランスパンは薄めに切ってから、同じように冷凍する。

解凍法

凍ったままトースターで焼く、室温で自然解凍

調理例

きのこピザトースト
➡**P101**

こんなサンドイッチは冷凍できる

サンドイッチは中にはさんでいるものによって、冷凍できるものとできないものがある。基本的に中身が冷凍に向いているものであれば、もちろん、サンドイッチにしたときにも冷凍が可能。生の野菜やポテトなど、冷凍に向かない食材を使ったサンドイッチは冷凍しないこと。ただ、ゆで卵は冷凍ＮＧでも、細かく刻んでマヨネーズと混ぜたエッグサラダであれば大丈夫。冷凍法は、ラップでぴっちり包んで急速冷凍してから、冷凍用保存袋に入れる。室温で自然解凍すればいいので、お弁当には凍ったまま持って行けばＯＫ。

冷凍OKの具	冷凍NGの具
ハム	生の野菜
トンカツ	生の果物
コロッケ	ポテトサラダ
ツナ	ゆで卵
スモークサーモン	チーズ
スクランブルエッグ	
卵サラダ （みじん切りのゆで卵入り）	

切り干し大根・ひじき

切り干し大根やひじきのような乾物は、戻して冷凍しておくと調理時間がスピードアップできます。さらに、煮物にして冷凍すれば、お弁当のおかずなどに重宝します。

水に浸して戻す

1 洗ってから水に浸す

切り干し大根はもみ洗いして、かぶるくらいの水に浸す。ひじきはザルでふり洗いして、たっぷりの水に浸す。

2 冷凍用保存袋に入れて急速冷凍

20分ほど浸して戻ったら、水気を軽く絞り、冷凍用保存袋に薄く平らに入れて急速冷凍する。

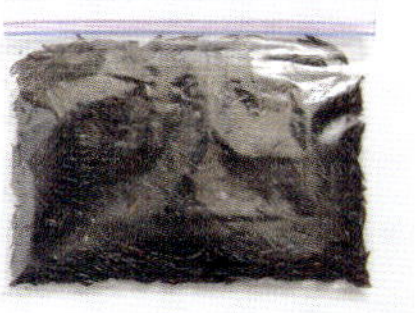

解凍法
冷蔵室で自然解凍、凍ったまま調理

煮ものにする

戻した切り干し大根やひじきを煮物にしてから、小分けにして冷凍する。お弁当を毎日作っている家庭では、まとめて作って冷凍しておくと効率的。

作り方・冷凍法・解凍法
さつま揚げの切り干し大根 ➡P153
ひじきの炒め煮 ➡P154

ギョーザや春巻の皮

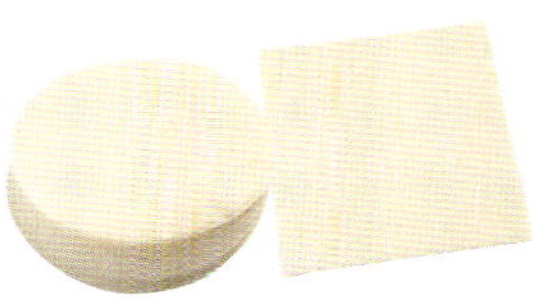

ギョーザや春巻などの皮は、少人数の家庭だと、1袋買ってもどうしても余りがちです。使い切れなかった分は、次の出番が来るまで冷凍しておくと、無駄なく使えます。

未開封のものは袋ごと

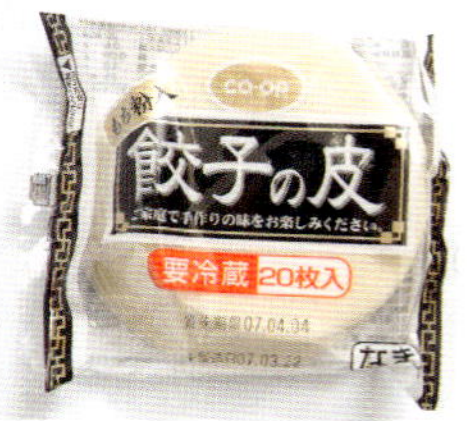

開封していないものは、袋のまま急速冷凍する。ただ、枚数が多くて厚みのある場合は、下記のように小分けにしてから冷凍するのがおすすめ。

小分けにして保存袋に

冷凍用保存袋に1回分の枚数ずつ入れて、急速冷凍する。

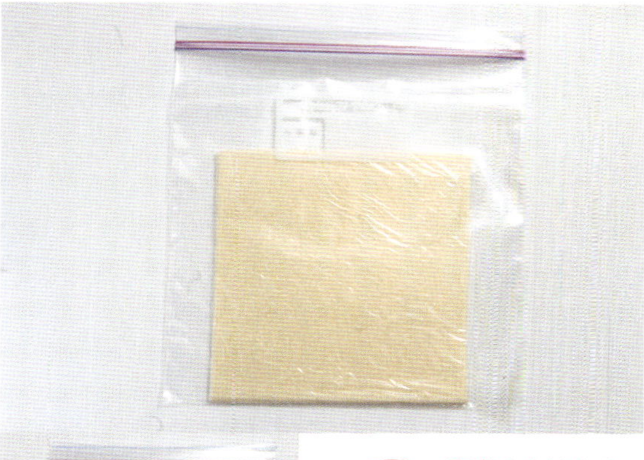

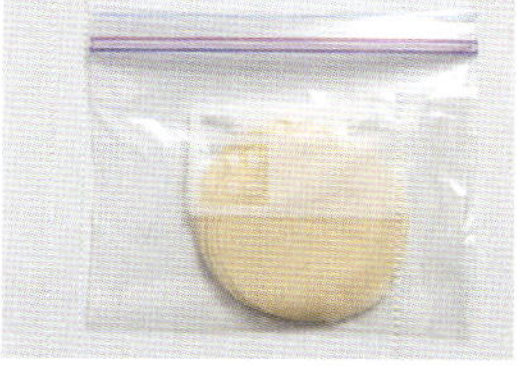

ここに注意！ 春巻の皮は大きいので、平らに凍らせないと折れやすくなる。大きめの金属製トレイがなければ、菓子缶などのふたに皮をのせて、急速冷凍するといい。解凍の際は、半解凍状態だとはがしにくく破れやすいので、完全に解凍してから使う。

解凍法
冷蔵室か室温で自然解凍

スープ・だし汁・ソース

スープやだし汁、トマトソース、ホワイトソースなどは、まとめて作って冷凍しておくと便利なアイテム。小分けにして冷凍し、いろいろな料理に活用しましょう。

冷凍用保存袋に入れる

1 冷めたら保存袋に小分けにする

十分に冷めてから、冷凍用保存袋に小分けにして入れ、ジッパーをしっかり閉じて密封する。冷凍用密閉容器に入れてもよい。

ここに注意！ 保存袋に入れるときは、こぼさないように気をつけて。器に保存袋を立てて口を折り返してから、スープなどを入れると失敗しない。

2 平らに置いて急速冷凍する

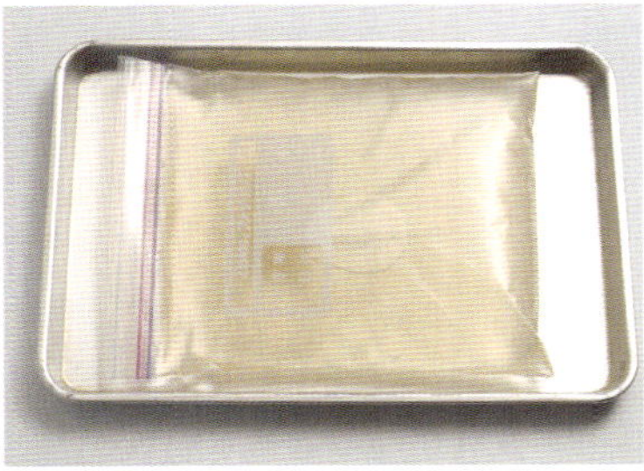

冷凍用保存袋を金属製トレイに平らにして置き、急速冷凍する。

解凍法

冷蔵室か室温で自然解凍、電子レンジ解凍

小麦粉・パン粉

常温で保存すると虫がつきやすい小麦粉、カビが生えることもあるパン粉。どちらも冷凍保存すれば、そんな心配もなく、品質を保って長持ちさせることができます。

冷凍用保存袋に入れる

開封前は袋のまま冷凍用保存袋に入れ、冷凍室に保存する。

開封後はしっかり密封

いったん開封したら、袋の口をしっかり折り曲げて密封してから、冷凍用保存袋に入れて冷凍室へ。

解凍法

冷凍室から出して、すぐに使うことができる

こんにゃく

そのまま冷凍して凍みこんにゃく風に

こんにゃくは冷凍すると水分が分離して組織が変化するため、スカスカになる。弾力のある本来の歯ごたえは味わえないが、凍みこんにゃくのような独特の食感を楽しむことができる。煮物にすれば味がしみ込みやすい。未開封なら袋のまま、開封後はラップに包んで、急速冷凍してから冷凍用保存袋に入れる。

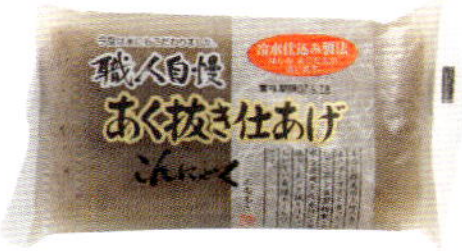

解凍法

冷蔵室か室温で自然解凍

ケーキ

いただきもののケーキが余ったときなど、冷蔵室に入れて翌日に食べる人が多いのでは。それよりも、早めに冷凍して好きなときに食べたほうが、乾燥も防げるのでおすすめです。

1切れずつラップで包む

1 形をくずさないようにラップして急速冷凍

1切れずつ形をくずさないように気をつけながら、ラップでぴっちりと包み、急速冷凍する。

ここに注意！ 生の果物がトッピングしてあるケーキをそのまま冷凍すると、解凍したときに水っぽくなるので、冷凍前に取り除くこと。

2 冷凍用密閉容器に入れて保存

凍ったら深さのある冷凍用密閉容器に入れて、冷凍保存する。チーズケーキやロールケーキのように形がくずれにくいものは、冷凍用保存袋に入れてもOK。

解凍法
冷蔵室か室温で自然解凍

こんなケーキも冷凍できる

シュークリーム 中がカスタードクリームの場合は、解凍したときに舌ざわりがやや悪くなることがあるものの、それほどは気にはならない。生クリームのものは冷凍してもほとんど変わらない。1個ずつラップでぴっちりと包み、急速冷凍してから冷凍用保存袋か密閉容器に入れる。

スポンジケーキ ラップでぴっちりと包んでから急速冷凍し、冷凍用保存袋か密閉容器に入れる。ホールのスポンジケーキも大きめの冷凍用保存袋か密閉容器があれば冷凍できる。

パウンドケーキ・カステラ 食べやすい厚さに切り分けてから、ラップで1切れずつ包み、急速冷凍後に冷凍用保存袋か密閉容器に入れる。

和菓子

まんじゅうや大福、ようかん、どら焼きなどの和菓子は、基本的に冷凍可能です。常温で数日保存できるものでも、早めに冷凍したほうがおいしさをキープできます。

1個ずつラップで包む

1 ラップでぴっちりと1個ずつ包む

1個ずつラップでぴっちりと包み、急速冷凍する。

2 冷凍用保存袋に入れて保存

凍ったら冷凍用保存袋に入れて、冷凍保存する。

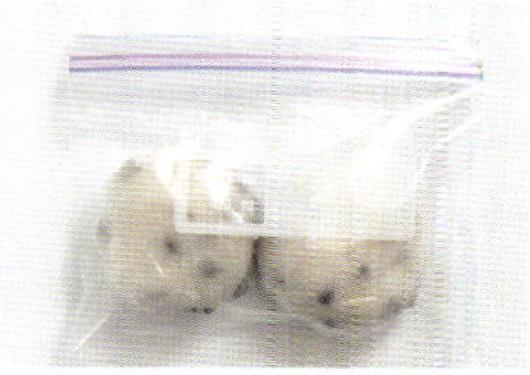

解凍法
室温で自然解凍

ポイント ようかんのようにアルミパックなどで密封してあるものは、そのまま冷凍してもOK。ただ、丸ごと解凍することになるので、食べやすい厚さに切り分けてから冷凍したほうが便利。

お茶類・コーヒー

日本茶や紅茶、中国茶などのお茶類、コーヒーは香りが命。他の食品のにおいが移らないように、しっかり密封して冷凍しましょう。常温保存よりも風味が長持ちします。

開封前なら袋ごと冷凍室へ

アルミパックなどで密封されたもの、缶入りのものは、未開封ならそのまま冷凍室に保存してOK。コーヒーは豆も粉もどちらも冷凍できる。

開封後は冷凍用保存袋に

開封したあとは、袋の口をしっかり閉じて、冷凍用保存袋に入れてから冷凍室に保存する。

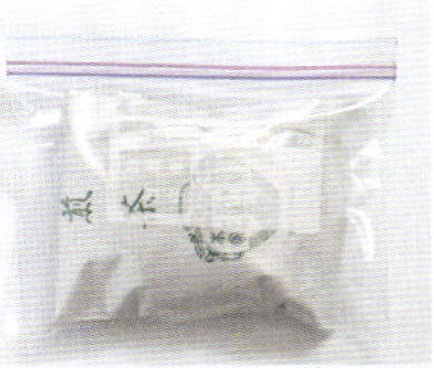

ここに注意！ ティーバッグはアルミの袋などで密封してあるものなら、冷凍用保存袋か冷凍用密閉容器にまとめて入れて冷凍室へ。紙の袋に入ったものは、アルミパックに比べると風味を保ちにくいので、できれば冷凍しないほうがいい。冷凍するのなら、冷凍用保存袋に入れ、しっかりと空気を抜いて密封する。

解凍法
冷凍室から出して、すぐに使うことができる

香辛料

容器のまま冷凍室へ

七味唐辛子、コショウ、ナツメグ、パプリカなどの香辛料は、冷凍しておくと風味を長く保つことができる。開封前は容器のまま、開封後は容器を冷凍用保存袋に入れて冷凍室で保存する。

解凍法
冷凍室から出して、すぐに使うことができる

ごま・ナッツ類

脂肪分の多いごまやナッツ類は、酸化しやすいので密封して冷凍保存するのが正解。カチカチにならないので、冷凍室から出したらすぐに調理に使うことができます。

開封前なら袋ごと冷凍室へ

未開封なら袋のまま冷凍室に保存しても大丈夫。お菓子作りに使うナッツ類は、まとめて冷凍用保存袋に入れておくと使いやすい。

開封後は冷凍用保存袋に

開封したあとは、袋の口をしっかり閉じて、冷凍用保存袋に入れてから冷凍室に保存する。

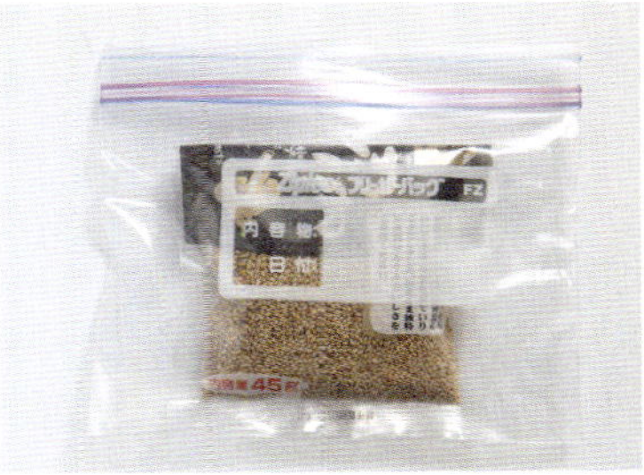

解凍法
冷凍室から出して、すぐに使うことができる

青のり

冷凍用保存袋に密封

青のりは湿気を吸いやすいので、パックのまま冷凍用保存袋に入れて密封し、冷凍室に保存する。開封後はパックの空気をしっかり抜いてから、冷凍用保存袋に入れる。

解凍法
冷凍室から出して、すぐに使うことができる

プラスα アドバイス

ちょっと待って！ その食材は冷凍NGです

長く保存したい食品は、何でも冷凍室に入れればいいと思っていませんか。残念ながら、食品のなかには、どう工夫しても冷凍には向かないものがあります。知らずに冷凍して食品を無駄にしないために、どんなものがNGなのか、チェックしておきましょう。

生卵・ゆで卵

卵をそのまま冷凍すると、殻にひびが入り、卵黄がかたまってしまいます。ゆで卵の冷凍も白身がスカスカになるのでNG。溶き卵や炒り卵、薄焼き卵、錦糸卵などで冷凍を。➡**P84**

レタス

水分の多いレタスを冷凍すると、解凍したときに水分が出るので、ベチャッとして悲惨な状態になります。同じく水分の多い白菜の場合は、ゆでて冷凍すれば大丈夫です。➡**P71**

山菜

山菜は繊維の多いものがほとんどなので、冷凍には不向きです。生のままの冷凍はもちろんのこと、ゆでたものを冷凍しても、解凍すると筋っぽくなっておいしくありません。

にぎりずし

にぎりずしや鉄火巻きのように生の魚介類を使ったすしは、ネタからドリップ（汁）が出て、ごはんがまずくなるので冷凍は避けたいもの。押しずしやいなりずしなら冷凍できます。

マヨネーズ

開封したマヨネーズは意外に賞味期限が短いので、冷凍しておきたいところですが、これはNG。マヨネーズは油と酢、卵を混ぜたもので、冷凍の温度では油分が分離してしまいます。

ビール

速くビールを冷やしたいときは、つい冷凍室に入れたくなりますが、これは危険。ビールや炭酸飲料が凍結すると、中に含まれるガスが膨張するので、破裂してしまうことがあります。

こんな食品にも要注意

サラダ油・ごま油・オリーブ油
植物性の油は低温保存すると、白くにごってきて固まることがあります。冷凍だけでなく冷蔵保存も向かないので、常温で保存を。

チョコレート
風味を大切にしたいなら、冷凍は避けたほうが無難。乾燥はもちろん、温度の変化によっても風味が変わりやすくなります。

みりん
低温保存すると、中に含まれる糖分が白く固まってしまいます。冷凍、冷蔵ともにNG。冷暗所に保存して開封後は早めに使うこと。

PART

3

3～15分あれば
出来上がり!
ケース別・
冷凍素材で作る
クイックレシピ

寝坊してしまった朝、
子どものお弁当はどうしたらいいの?
朝ごはんはどうしよう?
食事の時間が迫っているのに
買い物に行く時間がない!
突然のお客様にいったい何を出せばいい?
夕食を作ったけど何か物足りない!
そんなときこそ、冷凍素材がお役に立ちます。
冷凍素材をストックしておけば
いざというときにも
3分、5分、10分で一品出来上がり。
ダイエットや減塩などが必要なときも
冷凍素材があれば助かります。
あなたの「困った!」を解決してくれる
頼もしい味方が冷凍素材です。

彩りのよい混ぜごはんで二段重ねにしたお弁当は、お花見などの行楽にも喜ばれそう。冷凍素材をいろいろ利用しているので、こんな豪華でも意外に短時間で作れます。

手間をかけずに豪華に見せるお弁当

調理時間

10分

1 肉巻き
2 かぼちゃのサラダ
3 キャベツとオクラのごま炒め
4 さけと枝豆の混ぜごはん

肉巻き

材料（1人分）

豚肉巻き（冷凍➡**p39**）
……………………………2個
サラダ油 …………小さじ1
酒 ……………………小さじ1
砂糖 ……………小さじ1/2
しょうゆ …………小さじ2

作り方

1 肉巻きは解凍し、フライパンにサラダ油を熱して巻き終わりを下にして入れ、弱火で転がしながら、ふたをして焼く。

2 酒、砂糖、しょうゆを加え、中火にして汁気をからめながら焼き、切り分ける。

かぼちゃのサラダ

材料（1人分）

かぼちゃ（蒸して冷凍➡**p73**）
………2切れ（40gを2個）
塩、コショウ ………各少々
マヨネーズ ……大さじ1/2

作り方

1 冷凍かぼちゃはラップに包み、電子レンジで1分強加熱し、熱いうちに割りほぐす。

2 冷めたら、塩、コショウ、マヨネーズを混ぜ合わせる。

キャベツとオクラのごま炒め

材料（1人分）

キャベツ（ゆでて冷凍➡**p70**）
………………………1/2枚分
オクラ（ゆでて冷凍➡**p75**）
……………………………2本
ごま油 ……………小さじ1
塩、コショウ ………各少々
ごま ……………小さじ1/5

作り方

1 キャベツ、オクラは半解凍し、キャベツはザク切り、オクラは乱切りにする。

2 フライパンに油を熱して**1**を炒め、塩、コショウ、ごまを加え炒め合わせる。

さけと枝豆の混ぜごはん

材料（1人分）

ごはん…………………150g
さけの焼きそぼろ
（冷凍➡**p56**）……大さじ2
しょうゆ ………小さじ1/2
冷凍枝豆（市販品）
…………………………10さや
しょうが（みじん切り）
…………………小さじ1/5

作り方

1 さけは解凍して、しょうゆを混ぜ、枝豆は表示通りに解凍し、豆を取り出す。

2 温かいごはんに**1**としょうがを混ぜ合わせる。

主菜のさばの照り焼きとコロッケのチーズ焼きを、オーブントースターで一度に焼いてしまうお手軽メニュー。焼いている間に、おかか炒めをササッと作れば出来上がりです。

寝坊したときでも大丈夫 お弁当

調理時間

8分

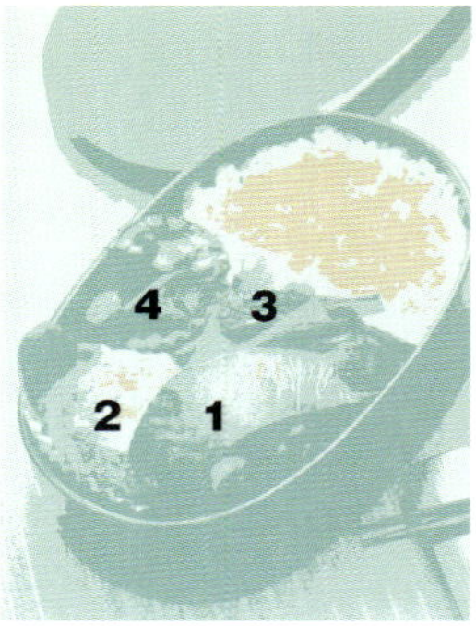

1 さばの照り焼き
2 コロッケのチーズ焼き
3 小松菜とにんじんの
おかか炒め
4 ひじきの炒め煮

さばの照り焼きコロッケのチーズ焼き

材料（1人分）

さばのしょうゆ漬け（冷凍➡**p59**）………1切れ
冷凍コロッケ（市販品）……………………………1個
ピザ用チーズ……………5g

作り方

1 オーブントースターの天板にホイルを敷き、サラダ油（分量外）を薄く塗って、解凍したさば、チーズをのせたコロッケ（冷凍のまま）をのせる。

2 オーブントースターでチーズがとろりと溶けるまで8分ほど焼く。

小松菜とにんじんのおかか炒め

材料（1人分）

小松菜（ゆでて冷凍➡**p66**）…………………………60g
にんじん（短冊切りをゆでて冷凍➡**p76**）…………20g
ごま油 ……………小さじ1
しょうゆ …………小さじ1
みりん …………小さじ1/2
おかか ……………小さじ1

作り方

1 小松菜、にんじんは半解凍し、フライパンにごま油を熱して炒める。

2 しょうゆ、みりんで調味し、おかかを加えて、さらに炒め合わせる。

ひじきの炒め煮

（カップに入れて冷凍➡**p154**）1個

ごはん （1人分）150g

時間がないときの和食メニュー

朝食

朝はやっぱり味噌汁がほしいという和食党におすすめ。冷凍焼きなすを丸ごと入れた味噌汁が食欲をそそります。ほかの２品も冷凍素材を駆使して、包丁いらずの朝食レシピです。

調理時間 10分

焼きなすの味噌汁

材料（2人分）

焼きなす（冷凍➡p77）……………………………2個
だし汁 ……………2カップ
味噌 ………大さじ1と 1/3

作り方

1 なべにだし汁を煮立て、凍ったままの焼きなすを入れ、ふたをして煮る。

2 なすが解凍したら味噌を溶き入れて、沸騰直前に火を止める。

1 焼きなすの味噌汁
2 錦糸卵ときゅうりのポン酢かけ
3 薬味おろし納豆

錦糸卵ときゅうりのポン酢かけ

材料（2人分）

錦糸卵（冷凍➡p84）
……………………卵1/2個分
きゅうりの輪切り
（冷凍➡p71）……1/2本分
ポン酢 ……………小さじ1

作り方

錦糸卵、きゅうりは解凍し、きゅうりは水気を軽く絞って、器に盛り合わせ、ポン酢をかける。

薬味おろし納豆

材料（2人分）

納豆（冷凍➡p86） 2パック
大根おろし（冷凍➡p69）
………………1/2カップ分
みょうがの千切り
（冷凍➡p81） ………1個分

作り方

1 納豆、大根おろし、みょうがは解凍する。

2 納豆を器に入れて、水気を切った大根おろし、みょうがを盛り合わせ、たれ、辛子を添える。

ごはん

（2人分）2杯

お手軽にできる洋風メニュー

朝食

ボリュームのある洋風の朝食は、ピザトーストを焼いている間に、ほかの2品を作ります。タンパク質やビタミン、食物繊維が豊富なので、朝からたっぷり栄養が補給できます。

1 きのこピザトースト
2 ほうれんそう入りスクランブルエッグ
3 バナナミルク

きのこピザトースト

材料（2人分）

食パン（冷凍➡**p89**）……………………………2枚
ピザソース　大さじ1と1/2
きのこミックス
（冷凍➡**p78**）…………適量
ピザ用チーズ ………　40g

作り方

食パンは冷凍のまま、ピザソースを塗り、半解凍したきのこミックスを散らして、チーズをかけ、オーブントースターで7～8分焼く。

バナナミルク

材料（2人分）

バナナ（冷凍➡**p82**）
……………………………1本分
牛乳 ……………1/2カップ

作り方

バナナは冷凍のまま、牛乳とミキサーにかけジュースを作る。

ほうれんそう入りスクランブルエッグ

材料（2人分）

ほうれんそう
（ゆでて冷凍➡**p66**）…60g
ハム（冷凍➡**p54**）…2枚分
バター ……………小さじ2
塩、コショウ ………各少々
卵 ……………………………3個

作り方

1 フライパンにバターを溶かし、凍ったままのハムとほうれんそうを入れて炒め、塩、コショウをする。

2 割りほぐした卵を加え、中火で半熟状になるまで炒め合わせる。

ちょっと優雅に楽しみたい ブランチ

時間に余裕のある休日は、朝食と昼食を兼ねて、ちょっと豪華なメニューを用意したいもの。冷凍素材を最大限に利用して、調理時間は短く、ゆったりとブランチを楽しみましょう。

調理時間 10分

1 鶏肉ときのこのトマト煮
2 ゆで野菜サラダ
3 ミックスフルーツジュース

鶏肉ときのこのトマト煮

材料（2人分）

蒸し鶏（冷凍➡**p49**）
…………………………1枚
トマトソース（冷凍➡**p68**）
…………………1カップ分
きのこミックス
（冷凍➡**p78**）………1/2袋
水 ………………1/4カップ
塩、コショウ………各少々

作り方

1 蒸し鶏は解凍して一口大に切り、トマトソースも解凍する。

2 なべに水、**1**、凍ったままのきのこミックスを入れて混ぜ、沸騰したら弱火で7～8分くらい煮る。

3 塩、コショウで味を調える。

ゆで野菜サラダ

材料（2人分）

ほうれんそう
（ゆでて冷凍➡**p66**）…50g
カリフラワー
（ゆでて冷凍➡**p66**）…100g
A
マヨネーズ ……大さじ1
プレーンヨーグルト
…………………大さじ2
パルメザンチーズ
…………………小さじ1
コショウ …………少々

作り方

1 なべに湯を沸かし、凍ったままのほうれんそう、カリフラワーを入れて解凍し、ザルに上げて水気をよく切ってから器に盛る。

2 **A**を混ぜ合わせてソースを作り、**1**にかける。

※どんな野菜とも合うソースなので、ブロッコリーやにんじん、アスパラガスなどもおすすめ。冷凍庫にある野菜を上手に利用しましょう。

フランスパン

（2人分）4切れ

ミックスフルーツジュース

材料（2人分）

キウイ（冷凍➡**p83**）
………………………1個分
オレンジ（冷凍➡**p83**）
…………………1/2個分
パイナップル（冷凍➡**p83**）
…………………………100g
水 ………………1/2カップ

作り方

凍ったままのキウイ、オレンジ、パイナップル、水をミキサーに入れてジュースを作る。

簡単にすませたい 1人ランチ

1人のランチは、ありあわせのものですませがち。冷凍食品を利用したチャーハン＆スープなら、数分もあれば作れます。お気に入りの食器を使って1人ランチを楽しみましょう。

小松菜のかき玉スープ

材料（2人分）

小松菜（ゆでて冷凍 ➡**p66**）……60g
中華スープの素……小さじ1/4
水……2カップ
酒……小さじ2
塩……小さじ1/2
しょうゆ……小さじ1/2
卵……1個

作り方

1 なべに水と中華スープの素、酒を入れて煮立て、凍ったままの小松菜を入れて煮たら、塩、しょうゆで味を調え、割りほぐした卵を回し入れ、かき玉にする。

シューマイ入りレタスチャーハン

材料（2人分）

冷凍シューマイ（市販品）……8個
ねぎ……1/4本
レタス……3枚
サラダ油……小さじ2
ごま油……小さじ2
ごはん……400g
酒……小さじ2
豆板醤……小さじ1/3
塩……小さじ1/2
コショウ……少々
しょうゆ……小さじ1

作り方

1 冷凍シューマイは表示通りに解凍して半分に切り、ねぎはみじん切り、レタスは短冊切りにする。

2 フライパンにサラダ油、ごま油を熱し、ねぎ、ごはんを入れて炒め、酒、豆板醤、塩、コショウを加えてさらに炒め、シューマイ、レタスを加えて炒め合わせたら、なべ肌からしょうゆを加え炒め合わせる。

えびとアスパラガスのスパゲティー

作り方

1. えびは解凍して殻をむき、赤唐辛子は輪切りにする。
2. フライパンにオリーブオイル、凍ったままのにんにく、赤唐辛子を入れて炒め、えびを加えてさらに炒める。
3. なべにたっぷりの湯を沸かし、塩を湯の1%入れてスパゲティーをゆで、ゆで上がりにアスパラガスを凍ったまま入れて一緒にゆでる。
4. **2**のフライパンに**3**を入れて炒め合わせ、塩、コショウで味を調える。

材料（2人分）

えび（ゆでて冷凍➡**p62**）……………………………8尾
にんにく（みじん切りで冷凍➡**p81**）……………………1/2かけ分
赤唐辛子 ………………1本
アスパラガス（ゆでて冷凍➡**p75**）……………………………100g
スパゲティー…………160g
オリーブオイル …大さじ1
塩、コショウ ………各少々

子どもに喜ばれる ボリュームランチ

スパゲティーと冷凍アスパラガスは、いっしょにゆでてスピードアップ。子どもが好きなウインナー入りポテトサラダも冷凍素材を利用しているので、短時間で作れます。

ウインナーとブロッコリー入りポテトサラダ

材料（2人分）

ウインナーソーセージ（輪切りで冷凍➡**p55**）……………………………2本分
ブロッコリー（ゆでて冷凍➡**p66**）…60g
マッシュポテト（冷凍➡**p79**）………1個分
マヨネーズ ………大さじ2
塩、コショウ ………各少々

作り方

1. なべに湯を沸かして、解凍したウインナーソーセージ、凍ったままのブロッコリーを入れてゆでる。
2. マッシュポテトは解凍したあと電子レンジで1分加熱して冷まし、マヨネーズ、塩、コショウと混ぜ、**1**を加えてさらにサックリ混ぜ合わせる。

玉ねぎスープ

材料（2人分）

玉ねぎ（炒めて冷凍➡**p67**）……………………1/2個分
コンソメの素 ………1/4個
水 ……………………2カップ
塩 ……………小さじ1/2弱
コショウ ………………少々

作り方

なべに水とコンソメの素を入れて煮立て、凍ったままの玉ねぎを入れて煮たら、塩、コショウで味を調える。

調理時間 8分

あっという間に作れる メインディッシュ

とにかくメインディッシュさえあれば、あとはありあわせのものを並べても食卓が寂しくなりません。冷凍素材をストックしておくと、時間がないときでも豪華に決められます。

たいの和風カルパッチョ

たいといくら、野菜を大皿に美しく盛りつければ、食卓がパッと華やかになります。たいは半解凍で切ると、きれいに仕上がります。

材料（2人分）

たいの昆布じめ（冷凍➡p60）……小1さく
いくら（冷凍➡p65）……大さじ1
三つ葉……4本
水菜……5g
大葉……2枚
万能ねぎ……1本
A
- オリーブオイル　小さじ2
- しょうゆ……小さじ1
- レモン汁……小さじ1
- 練りわさび…小さじ1/4

作り方

1 たいは半解凍してから薄くそぎ切りにし、いくらは自然解凍しておく。

2 三つ葉、水菜は3cm長さに切り、大葉は一口大にちぎり、万能ねぎは小口切りにする。

3 器にたいを敷き、三つ葉、水菜、大葉をのせて、いくら、万能ねぎを散らし、**A**を混ぜ合わせて回しかける。

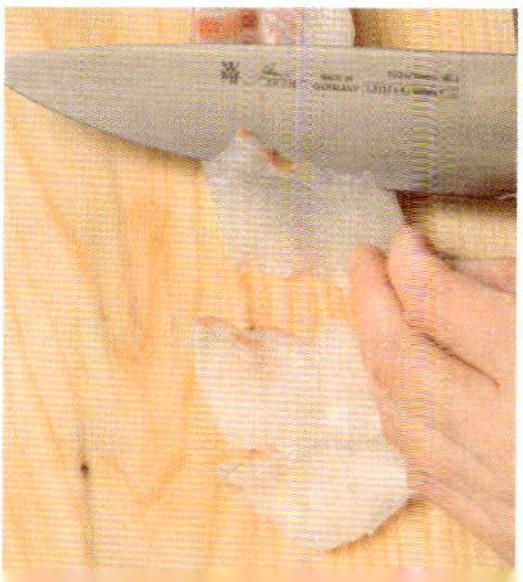

あじのパン粉焼き

材料（2人分）

あじ
（三枚おろしで冷凍➡**p58**）
……………………2尾分
塩、コショウ………各少々
トマトソース（冷凍➡**p68**）
………………1/2カップ分
パン粉……………大さじ4
にんにく
（みじん切りで冷凍➡**p81**）
…………………1/4かけ分
パセリ（冷凍➡**p81**）
……細かく砕いて小さじ1
タイム、バジル……各少々

作り方

1 あじ、トマトソース、にんにくのみじん切りは解凍し、あじに塩、コショウする。

2 焼き皿にトマトソースを敷き、あじをのせて、パン粉ににんにくのみじん切り、パセリ、タイム、バジルを混ぜ合わせてかける。

3 オーブンを200度に熱し、**2** を入れて17～18分くらい焼く。

調理時間

5分

オーブン料理にすると焼き時間はかかりますが、手間がかからず、見た目も豪華。あじのほか、いわしや鶏肉などにも応用できます。

材料（2人分）

蒸し鶏（冷凍➡**p49**）
……………………………1枚
ブロッコリー
（ゆでて冷凍➡**p66**）…60g
にんじん（短冊切りをゆでて冷凍➡**p76**）…………60g
玉ねぎ（炒めて冷凍➡**p67**）
………………………1/2個分
ホワイトソース
（冷凍➡**p85**）
……………………1カップ分
水 ……………………1カップ
塩、コショウ ………各少々

作り方

1 蒸し鶏は解凍して一口大に切り、なべに水を煮立てて、凍ったままのブロッコリー、にんじん、炒め玉ねぎといっしょにふたをして煮る。

2 沸騰したら弱火にして材料が解凍するまで煮て、解凍したホワイトソースを加えて混ぜ、塩、コショウで味を調える。

蒸し鶏と野菜のクリームシチュー

冷凍素材だけを使ったシチューは、なべに入れて煮るだけというお手軽さ。これ一品で肉も野菜もしっかりとれます。

生揚げと豚肉のチャンプルー

下味をつけて冷凍した豚薄切り肉は、時間がないときの強い味方。生揚げを使ったチャンプルーにすれば、ごはんが進みます。

材料（2人分）

生揚げ（薄切りで冷凍➡**p87**）……………………1枚分
豚薄切り肉（しょうゆ味をつけて冷凍➡**p38**）……50g
ねぎ …………………1/4本
小松菜（ゆでて冷凍➡**p66**）……………………50g
サラダ油 …………大さじ1
酒 …………………大さじ1
しょうゆ …小さじ1と1/2
みりん ……………小さじ1
おかか ………1/2袋（2g）

作り方

1 生揚げは解凍して水気を絞り、豚薄切り肉も解凍しておく。ねぎは乱切りにする。

2 フライパンにサラダ油を熱し、ねぎ、豚肉を炒めたら、小松菜を凍ったまま加えて炒めながら解凍し、生揚げ、酒、しょうゆ、みりんを加えてさらに炒め、おかかを最後に加え炒め合わせる。

急なお客様にも あわてない 豪華ディナー

いざというときに役立つのが冷凍のソース類。肉や魚介類の冷凍素材を中心に、ミートソースやホワイトソースも利用して、イタリアンディナーが15分で完成です。

調理時間

15分

1 ラザニア風グラタン
2 ゆで豚のイタリアンカツ
3 シーフードミックスサラダ

ラザニア風グラタン

材料（2人分）

ミートソース（冷凍➡**p47**）
…………………1カップ分
マカロニ
（ゆでて冷凍➡**p89**）
……………………250g
塩、コショウ……各少々
ホワイトソース
（冷凍➡**p85**）…1カップ分
ピザ用チーズ…………30g

作り方

1 ミートソース、マカロニは解凍して混ぜ合わせ、塩、コショウで味を調えてから焼き皿に入れる。

2 解凍したホワイトソースを全体にかけ、ピザ用チーズをふりかけて、200度のオーブンで10分くらい焼く。

ゆで豚のイタリアンカツ

材料（2人分）

ゆで豚（冷凍➡**p40**）
……………………150g分
塩、コショウ………各少々
小麦粉……………………適量
卵……………………1/2個
パルメザンチーズ
……………………小さじ1
パン粉…………1/2カップ
にんにく
（みじん切りで冷凍➡**p81**）
…………………1/2かけ分
パセリ（冷凍➡**p81**）
…細かく砕いて大さじ1/2
レモン、イタリアンパセリ
…………………………適量

作り方

1 ゆで豚は解凍して4等分に切り分け、塩、コショウをしたら、小麦粉をつけ、卵とチーズを混ぜたものにくぐらせ、パン粉、解凍したにんにく、パセリを混ぜて全体につけ、180度の油できつね色にカラリと揚げる。

2 器に盛り、くし形に切ったレモン、イタリアンパセリを添える。

シーフードミックスサラダ

材料（2人分）

たこ（そぎ切りで冷凍➡**p62**）
……………………足1本分
えび（ゆでて冷凍➡**p62**）
…………………………6尾
オレンジ（冷凍➡**p83**）
……………………1/2個分
A ┌オリーブオイル　小さじ2
　│レモン汁………小さじ2
　│バルサミコ…小さじ1/2
　└塩、コショウ……各少々
ミックスリーフ………30g

作り方

1 たこ、えび、オレンジは解凍し、えびは殻をむく。

2 オレンジは**A**と混ぜ合わせてドレッシングを作り、たこ、えびと混ぜ合わせて、器にミックスリーフを敷いて盛り合わせる。

ササッとすぐ出せる 酒のおつまみ

おつまみは、待たせないですぐ出せることがポイント。冷凍素材を使って、ワインやビール、日本酒、焼酎など、どんなお酒にも合うスピードおつまみを作ってみましょう。

材料（2人分）

- 小松菜（ゆでて冷凍➡**p66**）……150g
- ゆで豚（冷凍➡**p40**）……100g分
- 玉ねぎ……1/8個
- 赤唐辛子……1/2本
- にんにく（みじん切りで冷凍➡**p81**）……1/4かけ分
- A
  - ナンプラー……小さじ2
  - レモン汁……小さじ2
  - 砂糖……小さじ2

小松菜とゆで豚のエスニックサラダ

調理済みのゆで豚は解凍すればすぐ食べられるので、急いでいるときは重宝です。エスニック風のタレが豚肉の味を引き立てます。

作り方

1. 小松菜は解凍し、ゆで豚は解凍してから薄切りにし、玉ねぎも薄切りにする。

2. にんにくは解凍し、**A**、赤唐辛子の輪切りと混ぜ、**1**と混ぜ合わせる。

材料（2人分）

たこ（冷凍➡p62）…………足1本分（150g）
アスパラガス（ゆでて冷凍➡p75）……………………4本分
にんにく（みじん切りで冷凍➡p81）…………………1/2かけ分
アンチョビ（冷凍➡p57）……………………2枚
オリーブオイル …小さじ2
塩、コショウ …………少々

たことアスパラガスのアンチョビ炒め

アンチョビは少量で使うことが多いので、余ったら冷凍しておくと便利。淡白なたこやアスパラガスの風味づけにおすすめです。

作り方

1 たこは解凍して乱切りにし、アスパラガスは半解凍して、アンチョビは半解凍して細かくたたく。

2 フライパンにオリーブオイル、にんにくのみじん切りを凍ったまま入れて火にかけ、香りが出たらアンチョビを加えて炒め、アスパラガス、たこを加えて炒め合わせ、塩、コショウで味を調える。

オクラと山いものいくらかけ

緑、白、赤の彩りがきれいな一品は、突き出し向き。オクラと山いものネバネバコンビは、意外にビールやワインともよく合います。

材料（2人分）

オクラ（ゆでて小口切りにして冷凍➡p75）…………4本分
山いも（すりおろして冷凍➡p80）……………………100g
いくら ……………大さじ1
わさび …………………少々

作り方

1 オクラ、山いも、いくらは解凍する。

2 山いもとオクラを混ぜ合わせて器に盛り、いくらをかけてわさびを添える。食べるとき、しょうゆ（分量外）をかける。

子どもに安心して食べさせられる おやつ

自家製のおやつなら添加物などの心配がないので、子どもにも安心して食べさせられます。おやつはスナック菓子という子どもも多いようですが、ときどきはお母さんの手作りを。

いかとにらのチヂミ

具だくさんのチヂミは栄養たっぷり。下ごしらえのすんだ冷凍いかとにらがあれば、焼くだけなのですぐに食べさせられます。

材料（2人分）

いか（冷凍➡**p61**）……………………1/2杯分
にら（刻んで冷凍➡**p67**）……………………1/2束分
卵 ……………………1個
水 ……………………1/4カップ
小麦粉 ……………………100g
サラダ油、ごま油 ……………………各小さじ2
A
- 酢 ……………………大さじ1/2
- しょうゆ ……………………大さじ1
- すりごま ……………………小さじ1/4
- 砂糖 ……………………一つまみ

作り方

1 卵をほぐして水、小麦粉を加えてよく混ぜ、半解凍して細かく刻んだいか、半解凍したにらを加えて混ぜ合わせる。

2 フライパンにサラダ油とごま油を熱し、**1**を入れて平らに伸ばし、中火から弱火できつね色に焼いたら、ひっくり返して同様に焼き、切り分ける。Aを混ぜたタレを作り添える。

バナナ マフィン

市販のマフィンよりも砂糖を少なめにして、バナナの甘さを生かしています。ホットケーキミックスを利用した簡単レシピです。

材料（5個分）

バナナ（冷凍➡**p82**）……1本分
バター……20g
砂糖……20g
卵……1個
プレーンヨーグルト……1/4カップ
ホットケーキミックス……100g

作り方

1 バナナは半解凍して粗めにつぶし、バターは溶かしておく。

2 バナナに砂糖、卵、プレーンヨーグルトを混ぜ、ホットケーキミックスを加えて混ぜたら、溶かしバターを加えてさらに混ぜ合わせる。カップに8分目まで入れ、180度のオーブンで15分くらい焼く。

調理時間 5分

食後にすぐ楽しめる デザート

レストランでコース料理を食べる感覚で、家庭でも食事が終わったらすぐデザートを楽しんでみては。冷凍の果物を使い、低カロリーでヘルシーなデザートを作ってみましょう。

いちごミルクムース

冷凍したいちごのピューレと練乳を使って、口当たりのよいムースに。甘酸っぱいいちごの風味を生かしたさわやかなデザートです。

調理時間
15分

材料（2人分）

いちごのピューレ（冷凍➡p82）…………100g
砂糖 ………………小さじ2
レモン汁 ………小さじ2/3
練乳 ………………大さじ2
粉ゼラチン ……小さじ2/3
水 …………………大さじ1
卵白 ………………1/2個
砂糖 ………………小さじ1

作り方

1 いちごのピューレは解凍し、粉ゼラチンは水にふり入れて戻す。

2 ボウルにいちご、砂糖、レモン汁を混ぜ合わせたら、大さじ1杯分を取り分けておく。さらに練乳を混ぜ、湯せんにかけて戻したゼラチンを加えて混ぜ合わせる。

3 卵白を泡立て、砂糖を加えてさらに泡立てたら、**2**に混ぜ合わせ、器に流し入れて冷やし固める。取り置いたいちごのピューレをかけ、生のいちごがあるときは適量を切って添える。

パイナップルシャーベット

冷凍パイナップルがあれば、食事が終わってから始めてもすぐシャーベットが作れます。甘さ控えめで、ラム酒を効かせた大人のデザートです。

材料（2人分）

パイナップル（一口大に切って冷凍➡**p83**）……200g
レモン汁 ………小さじ1/2
砂糖 ・………………大さじ1
ラム酒 …………小さじ1/2
ミント …………………少々

作り方

1 フードプロセッサーに、凍ったままのパイナップル、レモン汁、砂糖、ラム酒を入れてスイッチを入れ、シャーベット状にする。

2 器に盛り、ミントの葉を添える。

アップルブラマンジェ

果物のピューレを冷凍しておくと、手軽にデザートが作れます。はちみつとシナモン風味がおいしいりんごのブラマンジェはいかが。

材料（4個分）

りんごのピューレ
（冷凍➡**p82**）…………100g
はちみつ …………大さじ2
シナモンパウダー ……少々
粉ゼラチン…小さじ1と1/2
水 ….. ……………大さじ3
牛乳 ‥ ……………1カップ
生クリーム ……1/4カップ
バニラエッセンス ……少々

作り方

1 りんごのピューレは解凍し、はちみつ、シナモンパウダーを混ぜ合わせて、電子レンジで2分加熱する。粉ゼラチンは水にふり入れて戻す。

2 牛乳を沸騰直前まで温め、ゼラチンを加えて溶かしたら、生クリーム、**1**のりんご、バニラエッセンスを混ぜ合わせる。ボウルを水に入れてとろみがつくまで冷やしてから、ゼリー型に流し入れ、冷蔵庫で冷やし固める。

3 器に型からはずして盛りつけ、好みでりんごのピューレ（分量外）を電子レンジにかけて煮たものを添える。

手軽にできて胃にもたれない 夜食

夜遅めにとる食事は、胃にやさしく手間のかからないメニューがいちばん。こんなときこそ、冷凍素材の出番です。冷凍庫のストックを利用して、おいしい夜食を作りましょう。

調理時間
5分

さけ雑炊

調理済みの冷凍素材を駆使して、体の温まる雑炊に。春菊やしめじがないときは、ほかの青菜やきのこを使ってもOKです。

材料（2人分）

さけの焼きそぼろ
（冷凍➡**p56**） ……1切れ分
しめじ（冷凍➡**p78**）
……………………………40g
春菊（ゆでて冷凍➡**p66**）
……………………………50g
しょうが
（みじん切りで冷凍➡**p81**）
……………………小さじ1/4
酒 …………………小さじ2
塩 …………………小さじ1/4
しょうゆ …………小さじ1
だし汁 ……1と3/4カップ
ごはん（冷凍➡**p88**）
……………………………200g

作り方

なべにだし汁を煮立て、凍ったままのごはんを入れてふたをし、煮ほぐれてきたら、酒、塩、しょうゆを混ぜ、凍ったままのしめじ、春菊、しょうが、さけを入れて、さらに煮る。

トマトとほうれんそうのマカロニスープ

野菜がたっぷりとれるマカロニスープは、夜食にぴったり。冷凍素材はすべて凍ったまま煮るだけなので、解凍の手間もかかりません。

材料（2人分）

トマト（ザク切りで冷凍➡**p68**）………………1個分
ほうれんそう（ゆでて冷凍➡**p66**）…50g
ウインナーソーセージ（斜め薄切りで冷凍➡**p55**）…………………2本分
マカロニ（ゆでて冷凍➡**p89**）……………150g
コンソメの素 ………1/4個
水 …………2と1/2カップ
塩 ………………小さじ1/3
コショウ ………………少々
パルメザンチーズ ……………………小さじ1

作り方

なべに水、コンソメの素を入れて煮立て、凍ったままのウインナーソーセージ、マカロニ、トマト、ほうれんそうを入れてふたをし、沸騰したら弱火にして5分くらい煮て、塩、コショウで味を調える。器に盛り、パルメザンチーズをふりかける。

さつまいものメープルシロップ焼き

さつまいもとメープルシロップの甘みに、香ばしいアーモンドの風味がアクセントになっています。おやつとしてもおすすめです。

材料（2人分）

さつまいも（加熱して輪切りで冷凍➡**p79**）……150g
バター …………小さじ2
メープルシロップ ……………………大さじ2
スライスアーモンド ……………………大さじ1

作り方

さつまいもは半解凍して焼き皿に入れ、バターを小さく切って散らし、メープルシロップを全体にかけてから、スライスアーモンドを散らし、200度のオーブンで12～15分くらい焼く。

ダイエットにおすすめ 低カロリー食

ダイエットを長続きさせるためには、低カロリーでもおいしい料理を工夫することがコツ。やせる素材選びや調理法をマスターすれば、無理をしないでダイエットに成功できます。

ほたての黄金煮

淡白なほたては油を使うとおいしいのですが、ここではカロリーを抑えるために煮物に。黄身をからめるとコクが出るので、満足感があります。

材料（2人分）

ほたて（冷凍➡**p63**）…………………………150g
小麦粉…………………………適量
卵黄 …………………1/2個分
さやいんげん
（ゆでて冷凍➡**p78**）…80g
しょうが …………1/2かけ
だし汁 ……………1カップ
A 酒 ………………大さじ1
A 砂糖 ……………小さじ1
A しょうゆ ………小さじ1
A 塩 ……………小さじ1/5

作り方

1 ほたては解凍して水気をふき、さやいんげんは半解凍、しょうがは千切りにする。

2 なべにだし汁、**A**を入れて煮立てる。

3 ほたてに小麦粉を全体に薄くつけ、卵黄をからめながら煮立っているだし汁に入れ、しょうが、さやいんげんを加えて10分くらい煮る。

ささ身の
ゆずコショウ風味
照り焼き

調理時間

8分

低カロリーのささ身を少量の油で焼き、ゆずコショウの香り豊かなタレをからめます。水菜とねぎをたっぷりとつけあわせて。

材料（2人分）

鶏ささ身（冷凍 **➡p50**）……150g
サラダ油……小さじ1
A
- ゆずコショウ……小さじ1/3
- みりん、酒……各小さじ1
- しょうゆ……小さじ1と1/2

水菜……20g
ねぎ……3㎝

作り方

1 ささ身は解凍し、観音開きにして一口大のそぎ切りにする。

2 水菜は3㎝長さ、ねぎは白い部分を千切りにして水にさらし、水菜と混ぜる。

3 フライパンにサラダ油を熱し、ささ身を両面きつね色に焼いて火を通し、**A**を加えてからめ、器に**2**と盛り合わせる。

たいの中華蒸し

電子レンジで作る手軽な蒸し物は、ダイエット向きの調理法。
風味のよい中華風のタレで、たいのうまみが生きてきます。

材料（2人分）

たい（冷凍➡p60）……2切れ
塩……小さじ1/6
酒……小さじ2
ねぎ……1/4本
しょうが……薄切り2枚
キャベツ（ゆでて冷凍➡p70）……2枚分
赤唐辛子……1/2本
A
- 酢……小さじ1
- ごま油……小さじ1
- 砂糖……小さじ1/2
- しょうゆ……小さじ2

香菜……適量

作り方

1 たいは解凍し、塩、酒をふって下味をつける。キャベツは解凍し、ねぎは斜め切り、しょうがは千切りにする。

2 耐熱皿にキャベツを敷き、たい、ねぎ、しょうがをのせてラップをかけ、電子レンジで5〜6分加熱する。

3 赤唐辛子は輪切りにし、**A**と混ぜ合わせてタレを作り、器に盛った**2**にかけて、香菜を添える。

牛肉ときのこの オイスターソース炒め

きのこは超低カロリーのおすすめ食材ですが、炒めると油を吸ってしまいます。一度加熱してから炒めると、カロリーダウンできます。

調理時間

5分

材料（2人分）

牛薄切り肉
（下味をつけて冷凍➡**p45**）
……………………200g
片栗粉 ……………小さじ1
にんにく
（みじん切りで冷凍➡**p81**）
……………………小さじ1/4
ねぎ ……………………6cm
ピーマン
（細切りで冷凍➡**p74**）
……………………4個分
しめじ（冷凍➡**p78**）
……………………40g
えのき（冷凍➡**p78**）
……………………80g
サラダ油、ごま油
……………………各小さじ1
A
オイスターソース
……………………小さじ1/2
しょうゆ ………小さじ1
砂糖 ……………小さじ1/2
酒 ………………小さじ2
塩、コショウ ……各少々

作り方

1 牛肉は解凍して片栗粉を混ぜ合わせ、ねぎは太めの千切りにする。

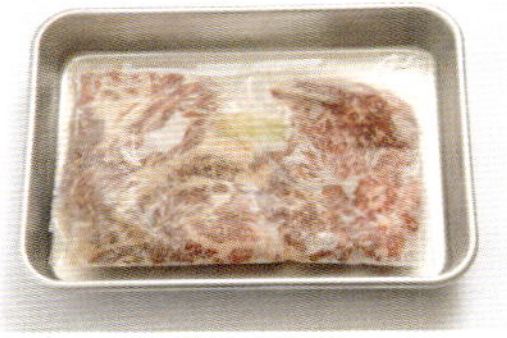

2 ピーマン、しめじ、えのきは耐熱皿に入れ、ラップをかけて電子レンジで1分加熱する。

3 フライパンにサラダ油、ごま油を熱し、牛肉を炒め、凍ったままのにんにく、ねぎを入れてさらに炒め、**2**を加えて炒め合わせる。最後に**A**を加えて炒め合わせる。

血圧が気になる人へ 減塩食

塩分を減らすと味気なくなりがちなので、香辛料や香味野菜を使って上手にカバーしましょう。減塩食とは気づかれない美味レシピです。

調理時間 5分

あじのカレーごま焼き

しょうゆの使用量は1人分小さじ半杯だけ。カレー粉とごまの風味を効かせたピカタ料理なので、物足りない感じはありません。

材料（2人分）

- あじ（三枚おろしで冷凍➡p58）……2尾分
- 酒……小さじ1
- しょうゆ……小さじ1
- カレー粉……小さじ1/4
- 小麦粉……適量
- 卵……1/4個
- 黒ごま……大さじ1
- 白ごま……大さじ3
- サラダ油……小さじ1

作り方

1 あじは解凍し、1枚を半分に切って、酒、しょうゆ、カレー粉を混ぜ合わせる。

2 **1**に小麦粉を薄くまぶし、卵をくぐらせてから、黒ごま、白ごまを混ぜて全体につける。

3 フライパンにサラダ油を熱して**2**を入れ、弱火で両面きつね色に焼く。

鶏肉とごぼう、きぬさやの黒酢炒め

黒酢には疲労回復や血圧の上昇を抑制する効果があるといわれます。鶏肉と野菜を甘酸っぱい黒酢炒めにして、塩分をカットしましょう。

調理時間
5分

材料（2人分）

鶏もも肉（冷凍➡**p48**）
……………………………1枚
しょうが汁 ……小さじ1/2
塩 ………………小さじ1/5
酒 …………………小さじ1
しょうが
（みじん切りで冷凍➡**p81**）
…………………小さじ1/2
ごぼう（薄切りでゆでて冷凍➡**p72**）………………60g
きぬさや（さやえんどう）
（ゆでて冷凍➡**p78**）…8枚
パプリカ（乱切りでゆでて冷凍➡**p74**）………1/4個分
サラダ油 …………小さじ2
A 黒酢 ……………小さじ2
A 砂糖 ……………小さじ1
A しょうゆ ………小さじ1

作り方

1 鶏もも肉は解凍して厚みを均一に広げ、一口大のそぎ切りにして、しょうが汁、塩を混ぜ合わせる。ごぼう、パプリカは半解凍しておき、**A**は混ぜ合わせておく。

2 フライパンにサラダ油を熱し、鶏肉を入れて両面きつね色に焼いて火を通し、凍ったままのきぬさやとしょうが、ごぼう、パプリカを加えてさらに炒めて解凍し、**A**を加えて炒め合わせる。

風邪などのときにおすすめ
胃にやさしいメニュー

風邪をひいて食欲がないとき、胃腸の調子が悪いときなどにおすすめしたい冷凍レシピです。胃にやさしい食材を使ったあっさりメニューなので、年配の人にも喜ばれます。

材料（2人分）

たら（冷凍➡**p60**）……………………2切れ
塩 ………………小さじ1/6
コショウ ………………少々
白ワイン …………大さじ1
カリフラワー（ゆでて冷凍➡**p66**）……………………150g
ホワイトソース（冷凍➡**p85**）……1カップ
パルメザンチーズ……………………小さじ2

作り方

1 たらは解凍して一口大に切り、塩、コショウをしてワインをかけたら、ラップをして電子レンジで3分加熱する。

2 ホワイトソースとカリフラワーは解凍し、**1**とともに混ぜ合わせて焼き皿に入れ、パルメザンチーズをふりかけて、220度のオーブンで10分くらい焼く。

たらとカリフラワーのグラタン

冷凍のホワイトソースを利用した簡単グラタンです。淡白な食材を使っているので、体調が悪いときも抵抗なく食べられます。

かぼちゃの茶巾絞り

マッシュしたかぼちゃを冷凍しておくと、茶巾絞りも簡単に作れます。かぼちゃのほんのりとした甘みで、やさしい味わいの一品です。

調理時間 5分

材料（2人分）

かぼちゃのマッシュ（冷凍➡**p73**）……200g
鶏そぼろ（冷凍➡**p52**）……大さじ2
だし汁……1/2カップ
みりん……小さじ1
しょうゆ……小さじ1/2
塩……少々
片栗粉……小さじ1
水……小さじ2
三つ葉……2本

作り方

1 かぼちゃのマッシュは電子レンジで2分加熱して解凍し、鶏そぼろも電子レンジで1分加熱して解凍する。

2 ラップにかぼちゃの半量をのせて広げ、中心に鶏そぼろをのせ、茶巾にしっかり絞る。2個作る。

3 なべにだし汁、みりん、しょうゆ、塩を入れて煮立て、水溶き片栗粉でとろみをつけたら、2cm長さに切った三つ葉を加えて混ぜ、**2**にかける。

調理時間

4分

揚げなすとピーマンのごま味噌炒め

包丁もまな板も使わないで、冷凍庫にあった揚げなすとピーマンをサッと炒めて出来上がりです。なすによく合うごま味噌で調味しています。

材料（2人分）

揚げなす（冷凍➡**p77**）
…………………………3本分
ピーマン
（細切りで冷凍➡**p74**）
…………………………1個分
ごま油 ……………小さじ1
A
┌ 味噌 ……大さじ1と1/2
│ 酒、砂糖 …各大さじ1/2
└ すりごま ……大さじ1/2

作り方

1 揚げなすは解凍し、**A**は混ぜ合わせておく。

2 フライパンにごま泊を熱し、ピーマンを涼ったまま炒めてしんなりしたら、揚げなすを加えてさらに炒め、最後に**A**を加えて炒め合わせる。

あと一品ほしいときに

小鉢メニュー

食卓に料理を並べてみて、ちょっと寂しいと感じたら、急いであと一品追加しましょう。下ごしらえの済んだ冷凍素材を生かし、超スピードで作れる小鉢レシピを紹介します。

ほうれんそうの卵とじ

メインディッシュにもなりそうなボリュームのある一品。卵、さつま揚げ、ほうれんそうを使って、栄養のバランスもとれています。

材料（2人分）

ほうれんそう
（ゆでて冷凍➡p66）…200g
さつま揚げ（冷凍➡p65）
……………………………1枚
だし汁 …………1/2カップ
みりん ……………小さじ1
しょうゆ …………小さじ2
卵 ……………………2個

作り方

1 さつま揚げは解凍して薄切りにする。

2 なべにだし汁、みりん、しょうゆを入れて煮立てたら、ほうれんそうを凍ったまま入れ、ふたをして煮ながら解凍する。さつま揚げを加えて混ぜ、割りほぐした卵を回し入れてふたをして火を止め、好みの固さにとじる。

タラモサラダ

おなじみのタラモサラダは、冷凍マッシュポテトを使うと手軽に作れます。チコリに盛りつければ、おしゃれな一品の出来上がりです。

材料（2人分）

マッシュポテト
（冷凍➡p79）………1個分
たらこ（冷凍➡p64）
……………………………1/4腹
にんにくのすりおろし
……………………………少々
マヨネーズ ………大さじ1
塩、コショウ ………各少々
チコリ ……………………適量

作り方

1 マッシュポテトは電子レンジで2分加熱して解凍したら冷ましておき、たらこは解凍してほぐす。

2 マッシュポテトににんにく、マヨネーズ、たらこを混ぜ、塩、コショウで味を調えたら、チコリにのせて盛りつける。

里いもとひき肉の韓国風そぼろ煮

加熱時間はかかりますが、冷凍の里いもは凍ったまま使えるので調理自体はとてもラク。なべ一つで本格風味のそぼろ煮が作れます。

調理時間

5分

材料（2人分）

里いも（ゆでて冷凍➡p80）……4個分
豚ひき肉（冷凍➡p42）……50g
ごま油……小さじ1
にんにく（みじん切りで冷凍➡p81）……少々
ねぎ（みじん切り）……大さじ1
A 砂糖……小さじ2
A しょうゆ……大さじ1
A 酒……大さじ1
A 中華スープの素……小さじ1/6
A 水……3/4カップ
一味唐辛子……少々
すりごま……小さじ2
松の実……小さじ1
糸唐辛子……少々

作り方

1 なべにごま油を熱し、解凍した豚ひき肉、凍ったままのにんにく、ねぎを入れて炒め、**A**を加えて煮立てる。

2 凍ったままの里いもを入れ、一味唐辛子、すりごまを加えてふたをし、沸騰後、弱火にして15分くらい煮る。

3 ふたを取り、火を強めて煮汁をからませてから器に盛り、松の実、糸唐辛子を散らす。

まぐろのおろしあえ

まぐろをまとめ買いしたときには、づけで冷凍しておくと急ぎのレシピに大活躍。大根おろしとあえるだけで、一品追加できます。

材料（2人分）

まぐろのづけ（冷凍➡**p59**）……150g
大根おろし（冷凍➡**p69**）……1/2カップ
塩……少々
貝割れ……1/4パック

作り方

まぐろは解凍して角切りにし、大根おろしは解凍して水気を切ってから塩を混ぜる。貝割れは根を切って長さを3等分に切る。まぐろ、大根おろし、貝割れをサックリ混ぜる。

えびとブロッコリーの白あえ

白あえの衣を冷凍しておくと、いろいろな素材に使い回しできます。ここでは、えびとブロッコリーで彩りのよいあえものにしています。

材料（2人分）

えび（ゆでて冷凍➡**p62**）……6尾
ブロッコリー（ゆでて冷凍➡**p66**）…100g
白あえの衣（冷凍➡**p86**）……豆腐1/2丁分
しょうゆ……小さじ1

作り方

1 えびは解凍して殻をむく。ブロッコリー、白あえの衣も解凍する。

2 ボウルにえびとブロッコリーを入れ、しょうゆを混ぜてから、白あえの衣を混ぜ合わせる。

プラスα アドバイス

電子レンジ解凍の加熱ムラを解消！

スピーディーな解凍に大活躍する電子レンジですが、正しく使わないと加熱ムラができてしまうことがあります。一部は完全に解凍されているのに、ほかの部分はまだ凍ったままということがないように、上手な解凍のコツを知っておきましょう。

カチカチの状態で加熱する

冷凍食材が溶けかけた状態で電子レンジ解凍を行うと、加熱ムラの原因になります。電子レンジの電波は水分の多いところに集まるため、溶けかかったところだけが熱くなってしまいがちです。冷凍庫から食材を出したら時間を置かず、すぐに電子レンジで解凍するようにしましょう。

部分的にホイルを利用する

一尾魚のように部位によって厚みに違いのあるものは、身の細い部分をホイルで包んで加熱すると、ムラなく解凍できます。これは、ホイルによって電波が反射して、その部分は加熱されないためです。形が均一でないもの、大きなものなどを解凍するときも周囲にホイルを巻くのがおすすめです。

食材の大きさをそろえる

解凍する食材は大きさや厚さがマチマチだと、加熱ムラができてしまいます。電子レンジを使うときは、食材の種類や大きさはそろえたほうが上手に解凍できます。なお、厚さが3cm以上あるものは均一に加熱するのは難しいので、冷凍する際にそれ以下の厚さにしておいたほうが無難です。

庫内の中央に置いて加熱する

食品に含まれる水の分子に電波があたると、摩擦が起きて熱が発生します。そのため、電子レンジでは食品の外側も内側も同時にすばやく温めることができるのです。電波は庫内の中央部分に集中するように作られているので、ムラなく温めるために冷凍食材は必ず中央に置いて加熱しましょう。

PART

4

いつでも
すぐに食べられる
料理のおいしさキープ！冷凍テクニック

**1人分の料理を作るのも
2人分、4人分の料理を作るのも
それほど手間は変わりません。
それなら、まとめて作って冷凍しておけば
手間がグンと省けます。
おまけに、いつでも解凍するだけで
すぐに食べられるのもうれしいところ。
料理によっては、冷凍することで
味が落ちるものもあるので
上手にメニューを選んでまとめ作りを。
おいしさを逃さない冷凍法で
ストックしておけば
家族にも喜ばれるはず。
ふだんの料理が余ったときも
ここで紹介する冷凍法を活用してください。**

主食編

炊き込みごはんや焼きそばなどの主食が冷凍してあれば、何もないときや時間がないとき、とても助かります。ランチならこれ一皿で満足できそう。夜食や朝食にも便利に使えます。

ごま油の香りがポイント

中華風炊き込みごはん

材料（4人分）

米 …………2合
酒 …………大さじ2
しょうゆ …………小さじ2
塩 …………小さじ2/3
ごま油 …………小さじ2
干しえび …………大さじ1
豚薄切り肉…………50g
A しょうゆ …………小さじ1
A 酒 …………小さじ1
A コショウ…………少々
にんじん…………20g
たけのこ…………40g
生しいたけ …………2枚

作り方

1 米を洗って炊飯器に入れ、メモリの下まで水を入れて30分浸す。

2 干しえびはひたひたのぬるま湯に浸して戻し、殻を取り除く。豚肉は細かく刻み、**A**の調味料を混ぜ合わせる。にんじん、たけのこは角切り、生しいたけは半分に切り、さらに薄切りにする。

3 **1**の炊飯器に、酒、しょうゆ、塩、ごま油を入れて、水を加える。全部で2合分の水分量にして、よく混ぜる。

4 **3**の炊飯器に**2**の具を加えて炊く。

冷凍のコツ

1 ごはんが熱いうちに小分けにし、ラップに包むか、小さめの冷凍用保存袋に入れて、平らにならす。大きめの冷凍用保存袋に入れて平らにし、菜ばしで筋をつけて、小分けにしてもよい。

2 完全に冷ましてから急速冷凍する。

3 ラップに包んだごはんは冷凍用保存袋に入れて冷凍保存。袋に入れたものはそのまま冷凍保存する。

解凍法

ラップに包んだごはんは、保存袋から出してラップのまま電子レンジで加熱する。保存袋に直接入れた場合は、口を少しあけて電子レンジで加熱。

本格レストランの味

シーフードパエリア

材料（2人分）

米 ………1カップ（200㎖）

- あさり（殻つき）…100g
- えび ……………………6尾
- いか ………………1/2杯
- 白ワイン ………大さじ1
- 水 ……………3/4カップ

にんにく …………1/4かけ
玉ねぎ……………………30g
オリーブオイル …小さじ2
トマトピューレ …大さじ1
サフラン …………2つまみ
塩 ………………小さじ1/3
コショウ ………………少々
ローリエ ………………1枚

作り方

1 米は洗ってザルにあげる。えびは背ワタを取る。いかは皮をむき、輪切りにし、足は食べやすく切る。あさりは殻を洗う。

2 なべにあさり、ワイン、水を入れてふたをし、沸騰させる。えびを加えて、ゆで上がりにいかも入れて、サッとゆでる。具をすべて取り出し、えびは殻をむき、あさりは身を取り出す。

3 ゆで汁220ccを計量し、少なければ水を足し、そこにサフランを浸しておく。

4 にんにく、玉ねぎをみじん切りにする。なべにオイル、にんにくを入れて火にかけ、香りが出たら、玉ねぎを加えて炒める。米を加えてサッと炒め、トマトピューレ、**3**のゆで汁、塩、コショウ、ローリエを入れて混ぜ合わせる。ふたをして、沸騰後中火で5分、弱火で5分炊いて、火を3秒強めてから止める。

5 炊き上がった**4**に、**2**の具を混ぜ合わせる。

冷凍のコツ

1 ごはんが熱いうちに小分けにし、ラップに包むか、小さめの冷凍用保存袋に入れる。どちらも平らにならしておく。よく冷ましてから急速冷凍する。

2 ラップに包んだごはんは冷凍用保存袋に入れて、袋に入れたものはそのまま冷凍保存する。

解凍法

ラップに包んだごはんは、保存袋から出して電子レンジで加熱する。保存袋に直接入れた場合は、口を少しあけて電子レンジで加熱。

子どもも喜ぶ

きのこナポリタン

材料（2人分）

スパゲティー ………160ｇ
玉ねぎ ………………1/4個
ハム ……………………2枚
生しいたけ ……………2枚
エリンギ ………………1個
サラダ油 ………大さじ1/2
バター ……………大さじ1
トマトケチャップ
……………………大さじ4
塩、コショウ ………各少々
パルメザンチーズ
……………………小さじ1

作り方

1 スパゲティーは、湯に塩（湯に対して1％）を入れて、ゆでる。

2 玉ねぎ、ハム、生しいたけは千切り、エリンギは半分の長さに切ってから、薄切りにする。フライパンにサラダ油、バターを熱し、玉ねぎがしんなりするまで炒め、エリンギ、生しいたけ、ハムを加え、さらに炒める。

3 **2**のフライパンに、ゆでたスパゲティーを加えて炒め合わせ、トマトケチャップ、塩、コショウを加え、さらに炒める。器に盛り、パルメザンチーズをかける。

冷凍のコツ

1 冷ましてから、冷凍用保存袋に入れる。お弁当用は、カップに小分けにして、密閉容器に入れる。

2 急速冷凍してから、冷凍保存する。

解凍法

冷凍用保存袋で冷凍した場合は、口を少しあけて、電子レンジで加熱する。お弁当用は、使う分だけ出して電子レンジで加熱。

昔なつかしい味

いか焼きそば

材料（2人分）

- 焼きそば麺……2玉
- いか……1杯
- キャベツ……1枚
- にんじん……20g
- 玉ねぎ……1/4個
- サラダ油……大さじ1
- 塩、コショウ……各少々
- ウスターソース……大さじ3
- 中濃ソース……大さじ1/2

作り方

1 いかは皮をむき、斜めに切れ目を入れて、短冊切りにする。足は食べやすく切る。キャベツは大きめの短冊切り、にんじん、玉ねぎは千切りにする。

2 麺は袋ごとレンジ（500w）で2分間加熱して、ほぐす。

3 フライパンにサラダ油を熱し、1を入れて炒め、塩、コショウする。ほぐした麺を加えて炒め、2種類のソースを加え、さらに炒め合わせる。

冷凍のコツ

1 冷ましてから、冷凍用保存袋に入れて、平らにならす。

2 急速冷凍してから、冷凍保存する。

解凍法

冷凍用保存袋の口を少しあけて、電子レンジで加熱する。

カロリー控えめがうれしい

こんにゃく入りお好み焼き

材料（2人分）

小麦粉 ……1と1/2カップ
卵 ……………………………2個
だし汁 …………1/2カップ
キャベツ ………………1枚
ねぎ …………………1/4本
こんにゃく ……………80g
牛ひき肉………………50g
A
- しょうゆ …小さじ1と1/2
- 酒 ………………小さじ1
- 砂糖 ……………小さじ1

サラダ油 …………小さじ2
お好みソース、おかか、青のり ………………各適量

作り方

1 こんにゃくは一口大にちぎって、ゆでる。なべにAの調味料、牛ひき肉とともに入れて火にかけ、汁気がなくなるまで混ぜながら煮る。

2 キャベツは太めの千切り、ねぎは小口切りにする。

3 ボウルに卵を割りほぐし、だし汁、小麦粉を加えて混ぜ合わせ、**1**と**2**を入れて混ぜる。

4 フライパンを熱してサラダ油を敷き、**3**の半量を丸く平らに流し込んで、弱火で両面焼く。

5 お好みソースを塗り、おかか、青のりをかける。残りの半量も同様に。

冷凍のコツ

冷ましてからラップに包み、急速冷凍する。凍ったら冷凍用保存袋に入れて、冷凍保存。

解凍法

冷凍用保存袋から出して、ラップのまま電子レンジで加熱する。

おやつにもピッタリ

ひじき入りいなりずし

材料（8個分）

- 米 ……………………………1合
- A
  - 酢 ………大さじ1と1/3
  - 砂糖 …………大さじ2/3
  - 塩 ……………小さじ1/3
- ひじき ………乾燥大さじ1
- だし汁 …………1/4カップ
- B
  - 砂糖 ……小さじ1と1/2
  - しょうゆ ………小さじ1
  - 酒 ………………小さじ1
- 炒りごま ………大さじ1/2
- 油揚げ ……………………4枚
- C
  - だし汁 …………1カップ
  - 酒 ………………大さじ1
  - 砂糖 ……………大さじ3
  - しょうゆ ……大さじ2強

作り方

1 ひじきは洗って水で戻す。なべに**B**の調味料、だし汁を入れてふたをし、沸騰後、弱火で15分ほど煮る。

2 油揚げは半分に切って、袋状に開き、熱湯に入れて油抜きをする。ザルに上げて水気を切る。

3 **C**の煮汁を煮立てて油揚げを入れ、落としぶたをする。沸騰後、弱火で20分煮てから冷ます。

4 米を炊き、**A**の合わせ酢を混ぜ合わせて酢めしにする。**1**のひじき、炒りごまを加えて混ぜ合わせ、8等分に分ける。油揚げに詰めて、形を整える。

冷凍のコツ

1個ずつラップに包み、急速冷凍する。凍ったら、冷凍用保存袋に入れて冷凍保存する。

解凍法

冷凍用保存袋から出して、ラップのまま電子レンジで加熱する。

八角が効いている

本格焼き豚

材料（2人分）

豚肩ロースかたまり肉……300g
しょうが……1/2かけ
ねぎ……5cm
A しょうゆ……大さじ4
A 酒……大さじ1
A 砂糖……大さじ3
A 八角……1かけ
レタス……1枚
香菜……適量
練り辛子……適量

主菜編

揚げ物や煮込みなど、手間や時間のかかる主菜は、まとめて作って、冷凍しておくのが賢いやり方。電子レンジで温めるだけで、今日の「メインのおかず」の完成です！

作り方

1 しょうがは薄切り、ねぎは表面に切れ目を入れる。**A**の調味料、豚肉とともに、袋に入れてよくもむ。

2 一晩冷蔵庫で寝かせ、さらに30分ほど外に出しておく。

3 オーブンを180度に熱し、天板にオーブンペーパーを敷き、その上に網を置く。汁気を切った豚肉をのせて20〜25分焼く。

4 竹串を刺して、透明な汁が出てきたら、火が通った証拠。冷ましてから切り分け、レタスの千切り、香菜とともに盛り合わせて、練り辛子を添える。

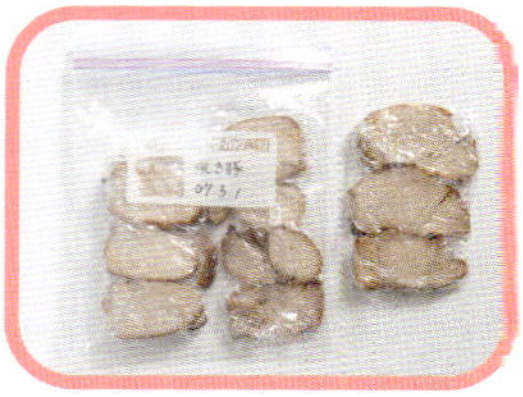

冷凍のコツ

1 1回に使う量ずつラップに包み、急速冷凍する。

2 凍ったら、冷凍用保存袋に入れて、冷凍保存。

解凍法

ラップに包んだまま、電子レンジで加熱。または、自然解凍する。

作り方

1 牛肉は6等分に切り、塩、コショウをする。セロリ、にんにくはみじん切り、にんじんは3㎝の長さに切り、さらに縦2～4等分に切る。ペコロスは皮とヘタを削ぎ、マッシュルームは石づきを切る。

2 フライパンにバターを溶かし、小麦粉をまぶした牛肉をキツネ色に焼く。にんにく、セロリを加えて炒め、トマトピューレも加えて、少し焦がしぎみに炒める。ワインも入れて煮立てる。

3 煮込み用のなべに移し、水、ローリエを加えて、ふたをする。沸騰後、肉が柔らかくなるまで弱火で40～50分煮込む。にんじん、ペコロス、マッシュルームを加えて、さらに10分間煮て、デミグラスソース、塩、コショウ、砂糖を加えて、10分間煮込む。

4 器に盛り、ゆでて3等分に切ったさやいんげんを添える。

6種野菜が入った

濃厚ビーフシチュー

材料（2人分）

牛シチュー用肉	300ｇ
塩	小さじ1/2
コショウ	少々
小麦粉	大さじ1
セロリ	1/4本
にんにく	1/2かけ
にんじん	1/2本
ペコロス	6個
マッシュルーム	6個
バター	大さじ1
トマトピューレ	80ｇ
赤ワイン	80㎖
水	2カップ
ローリエ	1/2枚
デミグラスソース	80㎖
塩	小さじ1/2
砂糖	小さじ1
コショウ	少々
さやいんげん	4本

冷凍のコツ

冷ましてから冷凍用保存袋に入れて、平らにならし、急速冷凍。凍ったら、冷凍保存する。

解凍法

電子レンジで解凍後、耐熱容器に移して、電子レンジで温める。

にんにく＆しょうが風味

中華風鶏のから揚げ

材料（2人分）

- 鶏もも肉 ……………………1枚
- A
  - 塩 ……………小さじ1/5
  - コショウ ……………少々
  - にんにく（すりおろしたもの）………………少々
  - しょうゆ ………小さじ2
  - 酒 ………………小さじ2
  - 砂糖 …………小さじ2/3
  - しょうが汁 ……小さじ1
- 片栗粉 …………………適量
- 揚げ油 …………………適量
- レモン ………………1/4個

作り方

1 鶏もも肉は一口大に切る。**A**を合わせた調味料と混ぜ合わせて、20分位漬けておく。

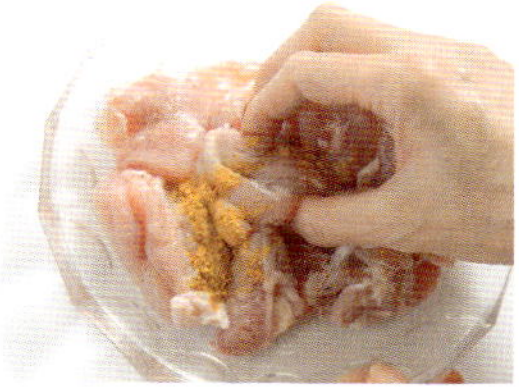

2 **1**の汁気を取り、片栗粉を全体につける。

3 150度の油で3～4分揚げて、いったん取り出す。190度まで温度を上げて、再び鶏肉を入れて、キツネ色にカラリと揚げる。器に盛り、くし形に切ったレモンを添える。

冷凍のコツ

1 冷めたら、金属製トレイに並べてラップをし、急速冷凍する。

2 凍ってから、冷凍用保存袋に入れて、冷凍保存する。

解凍法

耐熱容器にペーパータオルを敷いて、から揚げをのせ、ラップをしないで電子レンジで加熱。または、オーブントースターでこがさないように加熱。

材料（2人分）

玉ねぎ……………1個
にんにく……………1かけ
しょうが……………1かけ
セロリ……………30g
にんじん……………50g
サラダ油……………大さじ1
トマト缶……………1/2缶
カレー粉……大さじ1と1/2
水……………1と1/2カップ
コンソメの素………1/2個
A
トマトケチャップ
……………大さじ2
ウスターソース
……………大さじ1
しょうゆ……大さじ1/2
ローリエ……………1枚
鶏もも肉……………1枚
B
塩……………小さじ1/5
コショウ……………少々
カレー粉……小さじ1/2
パプリカ……………1/2個
プレーンヨーグルト
……………大さじ4
ガラムマサラ……小さじ1
塩……………小さじ1/2
コショウ……………少々
スライスアーモンド
……………小さじ1
ごはん……………適量

いろいろな香辛料入り

チキンインドカレー

作り方

1 玉ねぎ、にんにく、しょうが、セロリ、にんじんはみじん切りにする。なべにサラダ油小さじ2を熱し、玉ねぎをキツネ色になるまで炒め、にんにく、しょうがを加え、香りが出たら、セロリ、にんじんを加えて炒める。

2 つぶしたトマト缶、カレー粉を加えて炒め合わせ、水、コンソメの素、**A**の調味料を加えて混ぜ、煮立てる。

3 鶏肉を一口大に切り、**B**の調味料と混ぜ合わせる。パプリカは乱切りにする。

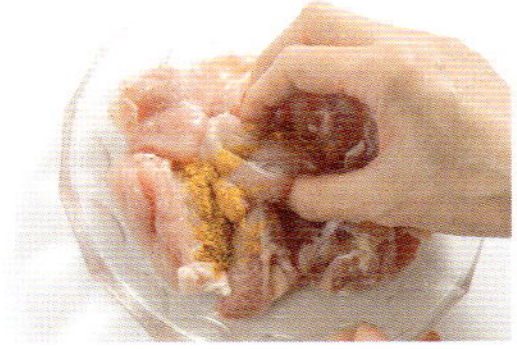

4 フライパンにサラダ油小さじ1を熱し、鶏肉をキツネ色に焼く。

5 パプリカを加えて炒め合わせたものを**2**に加える。

6 ふたをして、沸騰後、弱火で20分間煮る。ヨーグルト、ガラムマサラ、塩、コショウを加えて味を調え、さらに10分位煮込む。器にごはんとカレーを盛り、キツネ色に炒ったアーモンドを散らす。

冷凍のコツ

冷ましてから冷凍用保存袋に入れて、平らにならし、急速冷凍。凍ったら、冷凍保存する。

解凍法

電子レンジで解凍後、耐熱容器に移して、電子レンジで温める。

ナツメグで大人の味

ミートボールのトマト煮

材料（2人分）

合いびき肉 …………200ｇ
塩 ………………小さじ1/4
コショウ、ナツメグ ………………………各少々
卵 ……………………1/2個
パルメザンチーズ ……………………小さじ2
パセリ（みじん切り） ……………………大さじ1
玉ねぎ ………………1/4個
バター ……………小さじ2
しめじ …………1/2パック
トマト缶 ……………1/2缶
オリーブオイル …小さじ2
赤ワイン ………1/4カップ
コンソメ ……………1/4個
塩 ………………小さじ1/5
コショウ ………………少々

作り方

1 耐熱容器に、みじん切りにした玉ねぎ、バターを入れて、ラップをかけずに電子レンジ（500w）で1分間加熱する。混ぜ合わせて冷ましておく。

2 ボウルに合びき肉、塩、コショウ、ナツメグ、卵、パルメザンチーズを入れて、粘りが出るまで混ぜる。**1**の玉ねぎ、パセリを加えて、さらに混ぜ、6個に丸める。

3 しめじは石づきを切って小房に分け、トマト缶は潰す。

4 フライパンにオリーブオイルを熱し、**2**をころがしながら焼く。

5 赤ワインを加えて煮立て、トマト缶、しめじ、コンソメ、塩、コショウを加え、沸騰させる。ふたをして、ときどき混ぜながら弱火で15分ほど煮る。

冷凍のコツ

冷ましてから冷凍用保存袋に入れて、平らにならし、急速冷凍。凍ったら、冷凍保存する。

解凍法

電子レンジで解凍後、耐熱容器に移して、電子レンジで温める。

ビールに、お弁当に

パリパリギョーザ

材料（12個分）

ギョーザの皮…………12枚
豚ひき肉………………80ｇ
A しょうが汁 …小さじ1/3
　酒 ………………小さじ1
　しょうゆ ………小さじ1
　塩、コショウ ……各少々
　ごま油 …………小さじ1
白菜 …………………150g
塩 ………………小さじ1/5
ねぎ ……………………5㎝
生しいたけ …………1/2枚
にら……………………10ｇ
サラダ油 …………小さじ2
ごま油 ……………小さじ1
酢じょうゆ、ラー油
…………………………各適量

作り方

1 白菜はみじん切りにして塩を混ぜ合わせる。しばらく置いてしんなりさせ、水気を絞る。ねぎ、しいたけはみじん切り、にらは細かく刻む。

2 ボウルに豚ひき肉、**A**の調味料を入れて混ぜ合わせ、**1**の野菜を加えて、さらに混ぜ合わせる。

3 ギョーザの皮の端に水をつけて、**2**の具を等分に分けて包む。

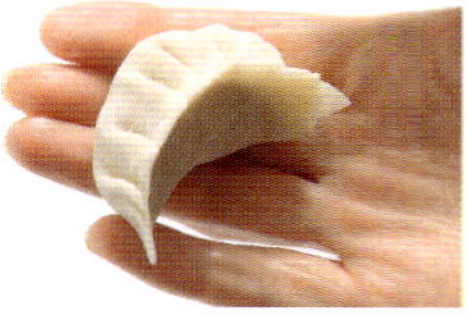

4 フライパンを熱して、サラダ油を敷き、ギョーザを並べる。ギョーザの高さ1/3まで熱湯を入れてふたをし、中火で蒸し焼きにする。汁気がなくなるまで焼いたら、ふたを取り、ごま油を回し入れ、キツネ色に焼き色をつける。器に盛り、酢じょうゆ、ラー油を添える。

冷凍のコツ

1 冷ましてから1回に使う量をラップに包み、急速冷凍する。

2 凍ったら、冷凍用保存袋に入れて冷凍保存。

解凍法

ラップごと電子レンジで加熱。または凍ったまま中華スープで煮て水ギョーザに。

つけ合わせの野菜もおいしい

ピリカラあじの南蛮漬け

材料（2人分）

あじ……………………3尾
小麦粉…………………適量
揚げ油…………………適量
赤唐辛子……………1/2本
しょうが………薄切り2枚
A
- 酢……………1/4カップ
- 砂糖……大さじ1と1/2
- しょうゆ………大さじ2
- 塩……………小さじ1/3
- だし汁………1/4カップ

玉ねぎ…………………40g
にんじん………………20g
ピーマン……………1/4個

作り方

1 赤唐辛子は種を取り除いて輪切りに、しょうがは千切りにして、**A**の調味料と混ぜ合わせる。

2 あじはゼイゴ、頭、内臓を取り出して洗い、水気を拭き、ぶつ切りにする。小麦粉を薄くまぶし、170度の油でカラリと揚げる。

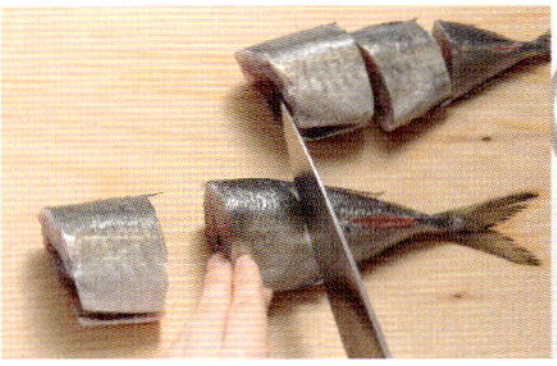

3 揚げたてのあじを**1**に浸す。

4 玉ねぎは千切りにして水にさらし、水気を切る。にんじんは千切り、ピーマンは輪切りにする。器に玉ねぎ、にんじんを混ぜ合わせて敷き、**3**を盛りつけて、ピーマンを添える。

冷凍のコツ

冷ましてから、冷凍用保存袋に、あじと汁だけ入れる。平らにならして急速冷凍してから、冷凍保存。

解凍法

電子レンジで解凍、または自然解凍する。

材料（2人分）

	いわし	4尾
	塩	小さじ2/3
	コショウ	少々
	玉ねぎ	1/2個
	にんにく	1/2かけ
A	水	1カップ
A	酢	大さじ1
A	白ワイン	大さじ3
A	オリーブオイル	大さじ1
A	塩、コショウ	各少々
A	ローリエ	1枚
A	タイム	1枝
A	レモン	輪切り1切れ

作り方

1 いわしはうろこをこそげ落とし、頭、内臓を取り除き、洗って水気を拭く。塩、コショウをして15分ほど置く。

2 玉ねぎは千切り、にんにくは薄切りにし、なべに敷いていわしを並べる。Aを入れて、アルミホイルで落としぶたをして、火にかけ、沸騰後中火で15分ほど煮る。

白ワインによく合う

いわしのオイルサーディン風煮

冷凍のコツ

冷ましてから、冷凍用保存袋に汁ごと入れる。平らにならして、急速冷凍してから、冷凍保存。

解凍法

1 冷凍用保存袋の口を少しあける。汁がこぼれないように、深さのある耐熱容器に立てかけて入れる。

2 電子レンジで加熱。

これ一品で
食卓が豪華に

えびといかのチリソース炒め

材料（2人分）

えび ……………………8尾
いか（胴）……………1杯分
A
- 塩、コショウ ……各少々
- しょうゆ ………小さじ1
- しょうが汁 …小さじ1/2
- 酒 ……………小さじ1

片栗粉 …………小さじ2
ねぎ ……………………4cm
にんにく …………1/2かけ
しょうが …………1/2かけ
サラダ油 …大さじ1と1/2
豆板醤 …………小さじ1/2
B
- トマトケチャップ …………大さじ1と1/2
- 酢 ……………小さじ1
- 砂糖 ………小さじ2/3
- しょうゆ ………小さじ1
- 水 ……………大さじ2
- 酒 ……………大さじ1

ごま油 …………小さじ1/2
レタス ……………………2枚
ねぎ（白髪ねぎ用）……3cm

作り方

1 えびは殻をむいて背開きにし、背ワタを取る。いかは皮をむき、表面に格子状の切れ目を入れ、大きめの短冊切りにする。えびといかを**A**の調味料と混ぜ合わせ、さらに片栗粉を混ぜる。

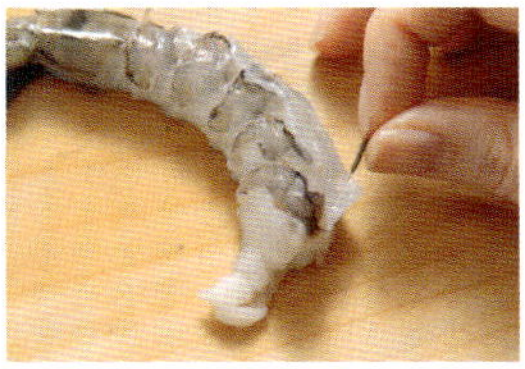

2 ねぎ、にんにく、しょうがはみじん切りにする。フライパンにサラダ油を熱し、えび、いかを入れ、中火で焦がさないように炒める。ねぎ、にんにく、しょうがも加え、炒め合わせる。香りが出たら豆板醤を加え、さらに炒める。

3 **2**にBの調味料を加えて炒め合わせる。最後にごま油を回し入れる。

4 レタスは千切りにして器に敷く。その上に**3**を盛りつけ、白髪ねぎにしたねぎをのせる。

冷凍のコツ

冷ましてから冷凍用保存袋に入れて、平らにならす。急速冷凍してから、冷凍保存。

解凍法

1 冷凍用保存袋の口を少しあける。汁がこぼれないように、深さのある耐熱容器に立てかけて入れる。

2 電子レンジで加熱。

彩りも栄養のバランスもいい

ひき肉入り五目卵焼き

材料（4人分）

卵		4個
A	だし汁	大さじ3
	酒	小さじ1
	塩	小さじ1/3
	砂糖	大さじ1と1/2
にんじん		20g
生しいたけ		2枚
鶏ひき肉		50g
B	酒	小さじ2
	しょうゆ	小さじ1/2
	塩	少々
	砂糖	小さじ1/2
	だし汁	大さじ1
みつば		10g
サラダ油		適量

作り方

1 なべに、0.5㎝角に切ったにんじん、しいたけと、Bの調味料、ひき肉を入れて、混ぜながら汁気がなくなるまで煮る。

2 煮上がりに2㎝に切ったみつばを加え、火を通してから冷ます。

3 卵をほぐし、Aの調味料を混ぜ合わせ、2を加えて混ぜる。

4 卵焼き器を熱して、サラダ油を薄く敷きながら、3を数回に分けて流し入れ、端から巻きながら焼く。

冷凍のコツ

1 冷ましてから1回に使う量をラップに包み、急速冷凍する。

2 凍ったら、冷凍用保存袋に入れて冷凍保存。

解凍法

ラップをかけたまま自然解凍、または電子レンジで解凍する。衣をつけて天ぷらにしてもおいしい。

副菜編

あと一品ほしい、というときに役立つ野菜や海草などの副菜。カロリー控えめなのに、不足がちのビタミン・ミネラルは豊富です。もちろんお弁当でも大活躍。たくさん作って、小分けにして、冷凍しておきましょう。

さわやかな甘み

かぼちゃのレモン煮

材料（2人分）

かぼちゃ ……………200ｇ
A
- だし汁 ………1/2カップ
- 酒 ………………小さじ2
- 砂糖 ……………小さじ2
- 塩 ……………小さじ1/6
- しょうゆ ………2～3滴

レモン ………輪切り2切れ

作り方

かぼちゃを一口大に切る。なべに**A**の調味料、かぼちゃを入れて火にかける。沸騰したらレモンを加え、ふたをして、弱火で15～20分煮る。

冷凍のコツ

1 レモンを取り除き、完全に冷ます。

2 小分けにしてラップに包み、密閉容器か冷凍用保存袋に入れる。小ぶりの密閉容器なら、写真のようにそのまま入れてもよい。急速冷凍してから、冷凍保存。

解凍法

電子レンジで加熱する。

夏にピッタリ

簡単なすの煮浸し

材料（2人分）

なす ……………………4本
A
- だし汁 …………1カップ
- 酒 ………………大さじ1
- 砂糖 ……………大さじ1
- しょうゆ …大さじ1と1/2

しょうが
……すりおろして小さじ1

作り方

1 なすはヘタを取り除いて縦半分に切り、皮のほうに斜めに切れ目を入れる。水に3分ほどさらして、水気を切る。

2 なべにAの煮汁を煮立てて、皮を下にして入れる。

3 ふたをして5分間煮て、ひっくり返して5分間、もう一度ひっくり返して5分間煮る。そのまま、なすの色が戻るまで冷ます。

4 器に盛り、しょうがを添える。

冷凍のコツ

1 しょうがを取り除き、完全に冷ます。

2 小分けにしてラップに包み、密閉容器か冷凍用保存袋に入れる。小ぶりの密閉容器なら、写真のようにそのまま入れてもよい。急速冷凍してから、冷凍保存。

解凍法

電子レンジで加熱する。

超低カロリーの一品

3種きのこのしぐれ煮

材料（2人分）

しいたけ ………………4個
しめじ ……………1パック
えのき …………大1パック
A
- だし汁 ………1/4カップ
- みりん …………大さじ1
- しょうゆ ………大さじ1

作り方

1 しいたけは石づきを切り取り、4つに切る。しめじは石づきを切り、小房に分ける。えのきは根元を切って、さらに半分の長さに切ってほぐす。

2 なべにきのこ、Aの煮汁を入れて混ぜ合わせ、火にかける。ときどき混ぜながら、沸騰後は、中火で煮る。

冷凍のコツ

冷ましてから小分けにしてラップに包み、密閉容器か冷凍用保存袋に入れる。小ぶりの密閉容器なら、写真のようにそのまま入れてもよい。急速冷凍してから、冷凍保存。

解凍法

電子レンジで加熱する。

豆が好きになる

ひよこ豆の甘煮

材料（2人分）

ひよこ豆 ………乾燥300ｇ
砂糖 …………………100ｇ
しょうゆ …………小さじ2
塩 ………………………少々

作り方

1 ひよこ豆は洗って、かぶるぐらいの水に浸して、一晩おく。

2 なべに、水とともに入れる。沸騰後、やわらかくなるまで弱火でゆでる。湯をひたひたまで足し砂糖、しょうゆ、塩を入れて、さらに20分ほど弱火で煮る。

冷凍のコツ

冷ましてから小分けにしてラップに包み、密閉容器か冷凍用保存袋に入れる。小ぶりの密閉容器なら、写真のようにそのまま入れてもよい。急速冷凍してから、冷凍保存。

解凍法

電子レンジで加熱する。

南仏の味と香り

ハーブ・ラタトゥイユ

材料（2人分）

玉ねぎ ………………1/4個
にんにく …………1/2かけ
パプリカ ………………1個
なす ……………………1個
セロリ ………………1/2本
ズッキーニ …………小1本
オリーブオイル
　……………大さじ1と1/2

A
トマト缶（カットタイプ）
　……………………1/2缶
ローリエ …………1/2枚
バジル、マジョラム、
タイム ……………各少々
コショウ ……………少々
塩 ……………小さじ1/3

作り方

1 にんにくはみじん切り、玉ねぎ、パプリカ、なす、筋を取ったセロリ、ズッキーニは一口大の角切りにする。

2 なべにオリーブオイル、にんにくを入れて火にかけ、香りが出たら、玉ねぎを入れてしんなりするまで炒める。残りの野菜も加えて炒め合わせ、**A**の材料を加えて混ぜる。ふたをして、沸騰したら弱火で20分煮て、塩、コショウ各少々（分量外）で味を調える。

冷凍のコツ

冷ましてから小分けにしてラップに包み、密閉容器か冷凍用保存袋に入れる。小ぶりの密閉容器なら、写真のようにそのまま入れてもよい。急速冷凍してから、冷凍保存。

解凍法

電子レンジで加熱する。

ごはんのおかずに

れんこん入りきんぴらごぼう

材料（2人分）

- ごぼう ……………100g
- にんじん……………30g
- れんこん……………50g
- 赤唐辛子 …………1/4本
- ごま油、サラダ油 ……………各小さじ1
- A
  - 酒 ……………大さじ1
  - 砂糖 ……小さじ2と1/2
  - しょうゆ 小さじ2と1/2
  - 塩……………少々

作り方

1 ごぼう、にんじんは4cmの長さの千切り、れんこんは半月の薄切りにする。ごぼう、れんこんは酢水にさらし水気を切る。

2 赤唐辛子は種を取り、輪切りにする。

3 フライパンにごま油とサラダ油を熱し、ごぼう、れんこん、にんじんを炒め、唐辛子を途中で加えて炒め合わせる。**A**を加えて中火にし、汁気がなくなるまで炒め合わせる。

冷凍のコツ

冷ましてから小分けにしてラップに包み、密閉容器か冷凍用保存袋に入れる。小ぶりの密閉容器なら、写真のようにそのまま入れてもよい。急速冷凍してから、冷凍保存。

解凍法

電子レンジで加熱する。

おばあちゃんの味

さつま揚げの切り干し大根

材料（2人分）

- 切り干し大根 …乾燥30g
- にんじん……………20g
- さつま揚げ …………1枚
- A
  - だし汁 …………1カップ
  - 酒 ……………大さじ1
  - 砂糖 …………大さじ2/3
  - しょうゆ …大さじ1と1/2

作り方

1 切り干し大根はもみ洗いし、かぶるくらいの水に20分ほど浸して戻す。水気をよく絞っておく。

2 にんじんは太めの千切り、さつま揚げは油抜きをして1cm幅に切る。

3 なべに**A**の煮汁を煮立て、**1**と**2**を加えて混ぜ合わせる。ふたをして沸騰後、弱火で約20分間煮る。

冷凍のコツ

冷ましてから小分けにしてラップに包み、密閉容器か冷凍用保存袋に入れる。小ぶりの密閉容器なら、写真のようにそのまま入れてもよい。急速冷凍してから、冷凍保存。

解凍法

電子レンジで加熱する。

おすすめ健康食

具だくさんおからの炒り煮

作り方

1 ねぎは小口切り、にんじんは短冊切り、しいたけは軸を切って薄切りにする。油揚げは油抜きをして横半分に切り、さらに短冊切りにする。

2 フライパンにサラダ油を熱し、ねぎを入れて香りが出るまで炒める。鶏ひき肉、にんじん、しいたけを加えて炒め合わせ、油揚げ、おから、**A**の煮汁も加えて混ぜながら中火で煮る。

冷凍のコツ

冷ましてから小分けにしてラップに包み、密閉容器か冷凍用保存袋に入れる。小ぶりの密閉容器なら、写真のようにそのまま入れてもよい。急速冷凍してから、冷凍保存。

解凍法

電子レンジで加熱する。

材料（2人分）

ねぎ	1/4本		おから	150g
にんじん	40g	A	だし汁	1カップ
生しいたけ	1枚	A	酒	大さじ1
油揚げ	1/2枚	A	砂糖	大さじ1と1/2
サラダ油	小さじ2	A	しょうゆ	大さじ1
鶏ひき肉	50g	A	塩	少々

お弁当にも役立つ

ひじきの炒め煮

作り方

1 ひじきは洗ってたっぷりの水で戻す。にんじんは短冊切り、油揚げは油抜きをして横半分に切り、さらに短冊切りにする。しいたけは軸を切り、薄切りにする。

2 なべにサラダ油を熱し、にんじん、ひじき、大豆、しいたけを炒め、油揚げと**A**の煮汁を加えてふたをし、沸騰後、弱火で20分ほど煮る。

冷凍のコツ

冷ましてから小分けにしてラップに包み、密閉容器か冷凍用保存袋に入れる。小ぶりの密閉容器ならそのまま入れてもよい。写真のように小さなカップに入れてから冷凍すると、お弁当のとき、そのまま入れられて便利。急速冷凍してから、冷凍保存。

解凍法

電子レンジで加熱する。

材料（2人分）

ひじき（乾燥）	20g		ゆで大豆	60g
にんじん	20g	A	だし汁	3/4カップ
油揚げ	1/2枚	A	酒	大さじ1
生しいたけ	1枚	A	砂糖	大さじ1と1/2
サラダ油	小さじ2	A	しょうゆ	大さじ2強

材料（4人分）

刻み昆布（乾燥）……20ｇ
ちりめんじゃこ …大さじ3
にんじん…………………20ｇ
生しいたけ ……………2枚
A
- だし汁 …………1カップ
- 酒 ………………大さじ2
- 砂糖 …………大さじ1/2
- しょうゆ ………大さじ1

冷凍のコツ

冷ましてから小分けにしてラップに包み、密閉容器か冷凍用保存袋に入れる。小ぶりの密閉容器なら、写真のようにそのまま入れてもよい。急速冷凍してから、冷凍保存。

解凍法

電子レンジで加熱する。

ビタミン・ミネラルが豊富

じゃこ入り刻み昆布の炒め煮

作り方

1 ちりめんじゃこは熱湯をかける。刻み昆布は洗って水に浸して戻し、食べやすく切る。にんじんは太めの千切り、しいたけは軸を切り、薄切りにする。

2 なべにAの煮汁を煮立て、1を入れて混ぜる。ふたをして、沸騰後弱火で20～30分ほど煮る。

プラスα アドバイス

定番料理のおいしい冷凍＆解凍テクニック

食卓に登場する機会の多い定番料理は、まとめて作って冷凍しておくと効率的です。作りたての味をできるだけ残すように、上手な冷凍＆解凍法を覚えておきたいもの。家族の大好きなメニューをいつも冷凍室に保存しておけば、料理の時間がないときにも安心です。

	冷凍法	電子レンジ解凍
カレー	冷めてから冷凍用保存袋に入れ、急速冷凍する。じゃがいもが入っている場合は、つぶしてから冷凍すること。 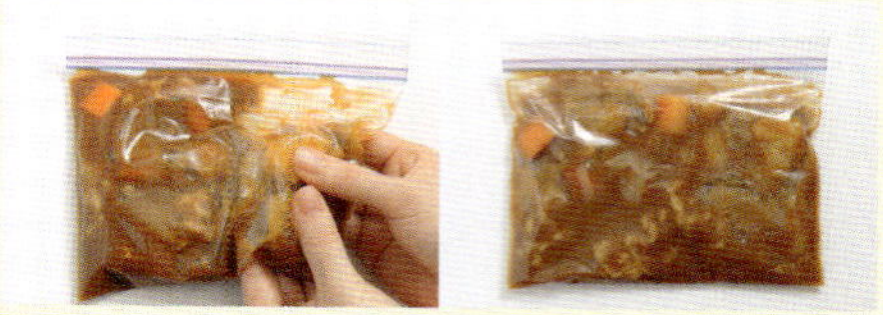 冷凍用保存袋の上から指でじゃがいもをギュッと押しつぶしてから、袋を平らにして急速冷凍する。	解凍から温めまでを行うと、カレーの油分が高温になるので、冷凍用保存袋から耐熱容器に移して加熱する。 **●カレーを冷凍用密閉容器に保存した場合** カレーやシチューなど、油分の多い料理を電子レンジで加熱する場合は、冷凍用保存袋だけでなく、冷凍用密閉容器も耐熱温度に注意。電子レンジでの解凍までは大丈夫ですが、温めるときは耐熱容器に移してから加熱すること。
トンカツ コロッケ 天ぷら フライ	揚げたら油をよく切る。冷めてから１個ずつラップで包み、急速冷凍後、冷凍用保存袋に入れる。 	ラップをはずし、耐熱容器にペーパータオルを敷いてのせ、加熱する。  **リメイク** 揚げたての香ばしさはよみがえらないので、ひと手間かけてリメイクするのもおすすめ。トンカツはカツ丼、コロッケはチーズ焼き、天ぷらは天丼などにすれば、おいしく食べられる。
チャーハン	冷凍用保存袋に入れ、薄く平らにして急速冷凍する。レタス入りチャーハンは冷凍ＮＧ。	冷凍用保存袋から耐熱皿に移し、ラップなしで加熱する。
ロール キャベツ	冷凍用保存袋に重ならないように入れ、急速冷凍する。	冷凍用保存袋から耐熱容器に移し、ラップをかぶせて加熱する。
ぶりの 照り焼き	ラップで１切れずつ包み、急速冷凍後に冷凍用保存袋に入れる。	ラップのままで加熱する。
豚の角煮	冷凍用保存袋に入れ、薄く平らにして急速冷凍する。	冷凍用保存袋から耐熱容器に移し、ラップをかぶせて加熱する。

PART

5

もっとおいしく!
もっと賢く!
冷凍上手になるお役立ちレッスン

ホームフリージングだと「味が落ちる」と
思っている人はいませんか。
それは、あなたが冷凍のしくみを
知らないせいかもしれません。
上手にホームフリージングするには、
まず冷蔵庫のことを知っておきたいもの。
食品はどんなふうに凍るのか、
ずっと鮮度を保つためにどんな機能があるのか。
毎日使っている冷蔵庫ですが、
意外に知らないことが多いのでは?
そこで、冷蔵庫の
国産第一号機を製作した東芝を訪ねて
新しいタイプの冷凍機能を見せていただきながら、
ホームフリージングを成功させるポイントを
うかがいました。

進化している冷凍室をのぞいてみよう

**最近の冷蔵庫は機能や形態、ドア数、カラーなど、多様化しています。
冷蔵庫は10年以上使う家庭も多いので、どんなに進化しているか、ご存じない人も多いのでは。
最新型冷蔵庫のしくみを見てみましょう。**

冷蔵庫各室の特徴

ここでは、フレンチドア（両開き）タイプで、6ドア5室の冷蔵庫（GR-W45FS）を例に各室を紹介します。各室の配置と機能はメーカーや機種などによって違います。

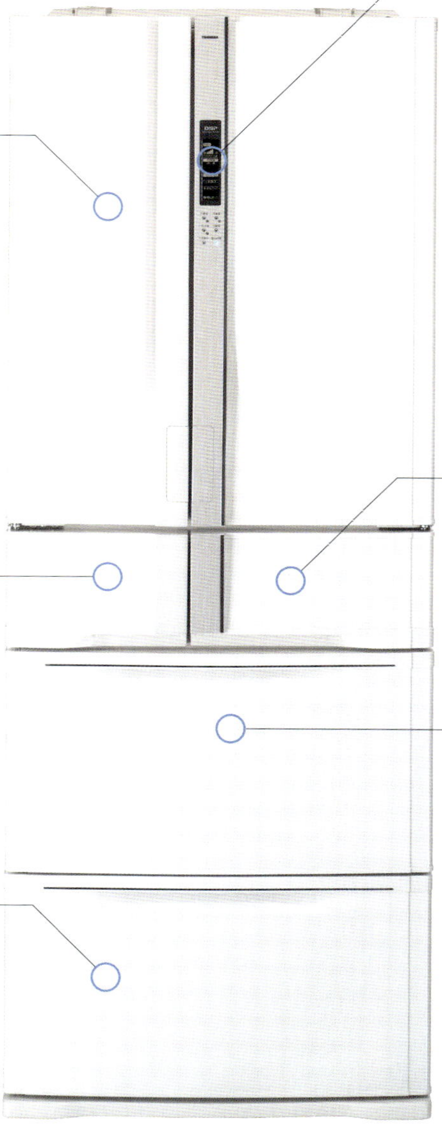

冷蔵室

庫内
約**3**～**4**度

ドアポケット
約**4**～**5**度

チルドルーム
約**0**～**2**度

冷蔵室内の湿度を約80％にキープしているので、ほとんどの食品はラップなしでも保存が可能。脱臭・除菌機能を搭載。

製氷室

通常は約2時間に1回（角氷10個）、自動製氷する。1時間で1回製氷する「一気製氷」機能もある。

冷凍室

約**−20**～**−18**度

約−40度の冷気で食品をすばやく凍らせる「一気冷凍」、通常より低い温度で保存する「ハイパワー冷凍」を備える。
＊約−40度は吹き出し口での温度

液晶コントロールパネル

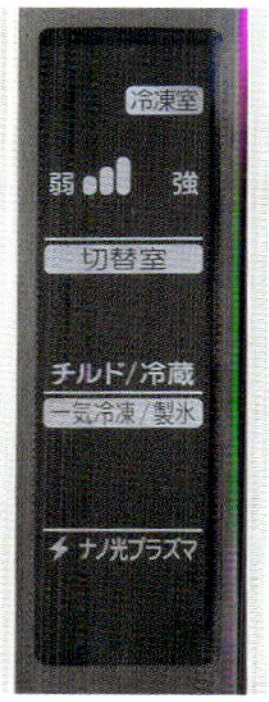

冷蔵室や冷凍室の温度調節、切替室の設定、「一気冷凍」のスタートなど、いろいろな機能がドアを開けなくてもこのパネルでコントロールできる。

切替室

用途に合わせ、約−17～1度の温度帯で、冷凍、ソフト冷凍、パーシャル、チルド・冷蔵の4段階に切り替えることができる。

野菜室

スライドケース
約**3**～**5**度

野菜容器
約**2**～**4**度

温度変動が少なく、低温をキープすることで、野菜のおいしさを作る遊離アミノ酸や糖度がアップする。

＊各室の温度は、周囲温度30度、食品を入れないで扉を閉め、温度が安定したときの測定値です。

冷凍室クローズアップ

奥行と高さのある大容量タイプなので、ホームフリージングの食材から市販の冷凍食品までたっぷり収納できます。2段に分かれているため、食品が整理しやすく取り出しやすいのが特徴。

1 フリージングトレイ

食品をすばやく凍らせるのに使用する金属製のトレイ。冷気の吹き出し口がある右端にセットして使う。ホームフリージングをよく利用する家庭では、「一気冷凍」用にこのスペースをあけておくのがおすすめ。

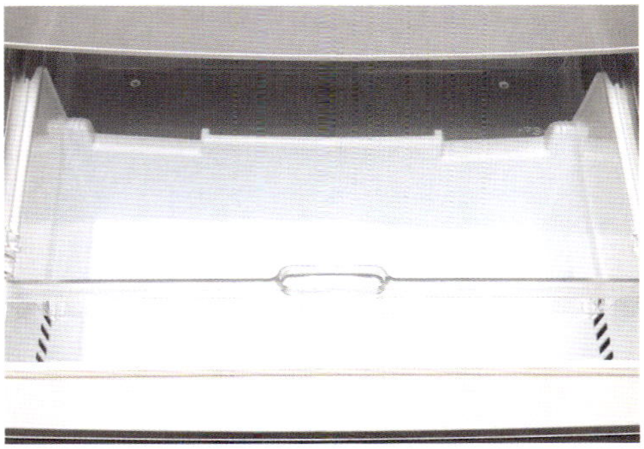

2 スライドケース

冷凍室の上段にあるケースで、前後にスライドする。下段のストック容器と分けて保存できるので便利。保存期間が長くなって、早く使ったほうがよい食品はここに保存しておくと、使い忘れることがない。小さな保存容器などもスライドケースに保存しておくと見つけやすい。

3 ストック容器

冷凍室の下段のケースで、深さがあるため、大きな冷凍食品も縦置きで保存が可能。スライドケースを奥までずらすと容器全体が見えるので、使いたいものをすぐ取り出せる。新しく一気冷凍した食品は奥に入れるようにして、手前に入れた食品から使っていくようにするとよい。

一気に凍らせておいしさをキープ

**ホームフリージングでもっとも大切なポイントが、できるだけすばやく凍らせること。
食品の風味や栄養をキープできるかどうかは、
この凍るまでの時間の長さによって大きく左右されるからです。**

最大氷結晶生成帯の通過時間がカギ

食品が凍るということは、細胞内の水分が氷の結晶に変わるということです。細胞に含まれる水分がもっとも凍る温度帯は－１～－５度で、これは「最大氷結晶生成帯」と呼ばれます。食品をおいしく冷凍するために重要なのが、この最大氷結晶生成帯の通過速度です。

最大氷結晶生成帯をゆっくり通過すると、氷の結晶が大きくなるため、細胞が破壊されてしまいます。そのため、冷凍した食品を解凍すると、うまみ成分や栄養分の含まれた汁（ドリップ）が流れ出て、味が低下してしまうのです。

一方、最大氷結晶生成帯をすばやく通り過ぎると、氷の結晶が小さくなり、細胞のダメージも少なくなります。解凍したときにドリップがほとんど出ないので、おいしいうえに栄養の損失も少なくなるのです。

「一気冷凍」と通常冷凍の違い

新しいタイプの冷蔵庫の多くには、最大氷結晶生成帯の通過時間を短縮させるための機能が搭載されています。東芝の「一気冷凍」の場合は、約150分間、コンプレッサーが連続運転し、同時に冷凍専用冷却ファンが連続回転して、約－40度の冷気（吹き出し口付近の温度）で一気に冷やします。その結果、通常冷凍より約2分の１の時間で最大氷結晶生成帯を通り過ぎるので、細胞の破壊を防ぐことができるのです。

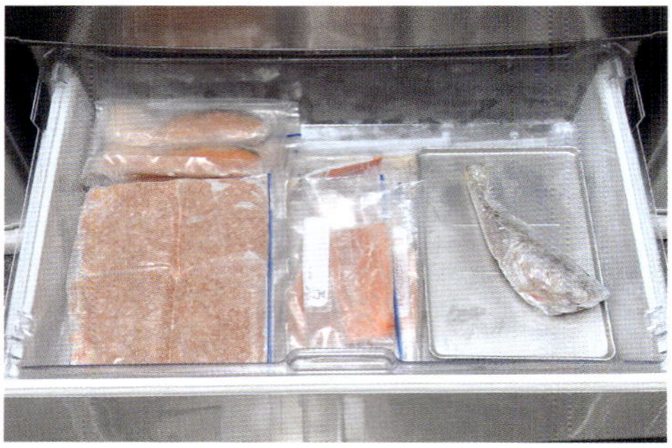

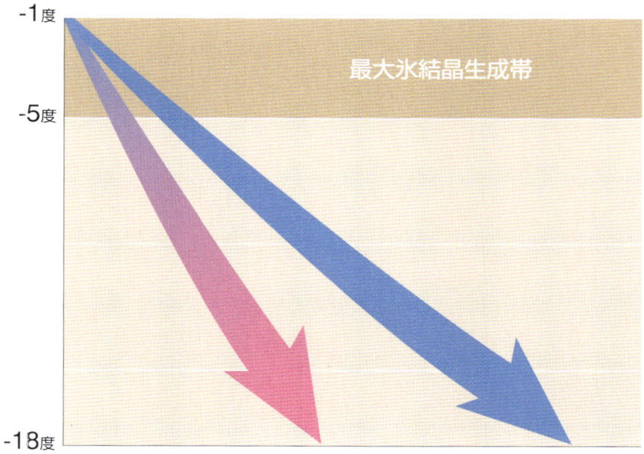

一気冷凍

約－40度の冷気（吹き出し口付近の温度）で冷凍室内を急速に冷やすため、食品の温度が一気に下がり、最大氷結晶生成帯を急スピードで通過する。その結果、食品内の水分が小さな結晶となって凍り、細胞を傷めたり変形させたりすることが少ない。

通常冷凍

冷凍室内の通常温度は約－18度。この温度で食品を冷凍すると、食品の温度が少しずつ下がっていくので、最大氷結晶生成帯を通過するのに時間がかかる。そのため、食品内の水分が大きな氷にかたまり、細胞を破壊してしまう。

一気冷凍から保存までのプロセス

「一気冷凍」機能を利用してホームフリージングする場合、以下のステップで進めると食品のおいしさを保つのに役立ちます。

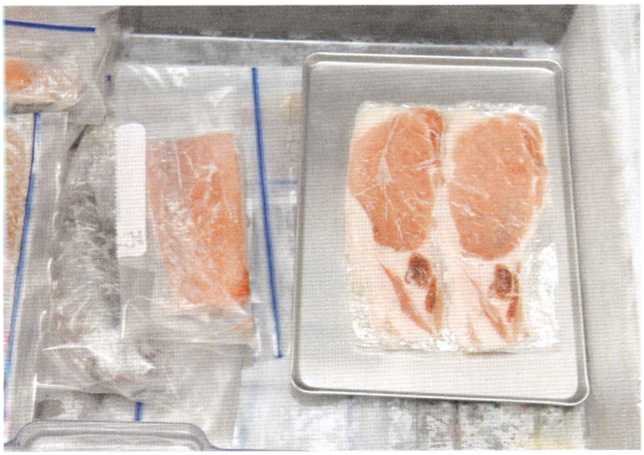

ステップ 1
フリージングトレイに食品をのせ、一気冷凍をスタート

食品をラップに包み、スライドケースの右端にセットしたフリージングトレイにのせる。冷凍室の扉を閉め、コントロールパネルで「一気冷凍」を設定する。

約150分後

ステップ 2
一気冷凍が終わったら、冷凍用保存袋に入れる

約150分すると一気冷凍が自動的に終了し、コントロールパネルの「一気冷凍」の表示が消える。フリージングトレイから食品を取り出して、冷凍用保存袋に入れて密封する。

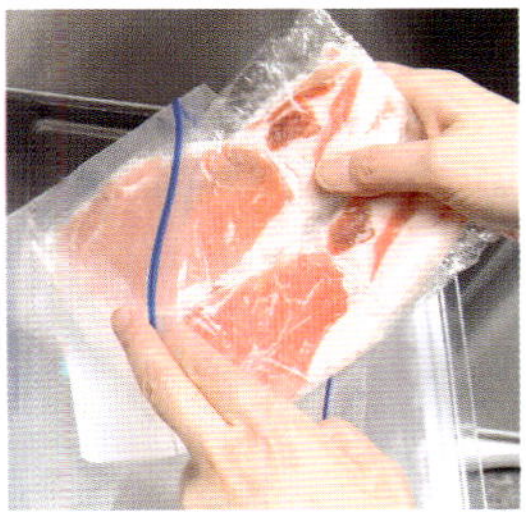

ステップ 3
冷凍室下段のストック容器に保存する

新しく冷凍したものは、通常、下段のストック容器に保存しておくのがおすすめ。スライドケースにはすぐ使うもの、ストック容器にはしばらく保存するものを入れて使い分けるとよい。

フリージングトレイの上手な使い方

フリージングトレイを利用して、冷凍室のスライドケースやストック容器に収納できるように、冷凍した食品の保存袋を合わせることができます。

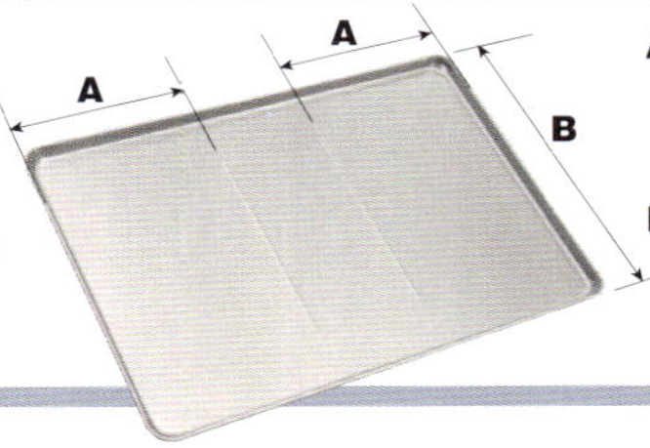

A 冷凍室**スライドケース**の食品収納の高さ

B 冷凍室**ストック容器**の食品収納の高さ

冷凍室スライドケースに収納する場合は、袋をトレイの端に突きあててから、線のところで折り曲げるとよい。

霜つき＆冷凍ヤケにサヨナラしよう

冷凍した食品は白く霜がつくものと思っていませんか。
もしそうなら、お宅の冷蔵庫は少し以前のタイプかもしれません。
新しいタイプの冷蔵庫では霜がほとんどつかないので、冷凍ヤケの心配もありません。

冷凍室の温度が上昇すると霜がつく

冷凍した食品の風味を落とさないためには、冷凍室の温度を安定させることが必要です。冷凍室内の温度が上昇すると、食品に含まれる水分が気化して再度冷却されることにより霜になります。つまり、霜がたくさんつくということは、食品が乾燥して品質が劣化する「冷凍ヤケ」のリスクが高くなっている証拠なのです。

冷凍室内の温度を上昇させる原因のひとつが、自動霜取り機能です。自動霜取り中は冷凍室内の温度が上昇してしまうため、これが霜つきの原因となります。

そこで、最近は、自動霜取り時の温度上昇を抑える機能を備えた冷蔵庫が登場。霜つきを少なくして、冷凍ヤケを防ぐことが可能になりました。

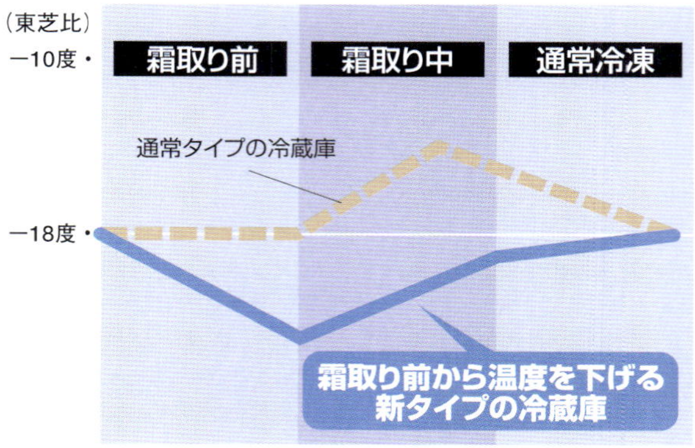

●霜取り時の温度上昇を解消

霜取り中の温度上昇を抑えるために開発されたのが、東芝の「新プレクールシステム」。自動霜取りを行う前に、あらかじめ冷凍室内の温度を大きく下げて、霜取り時でも−18度（通常の冷凍室内温度）を超えないようにしています。そのため、食品の温度が安定して、霜つきが大幅に少なくなりました。

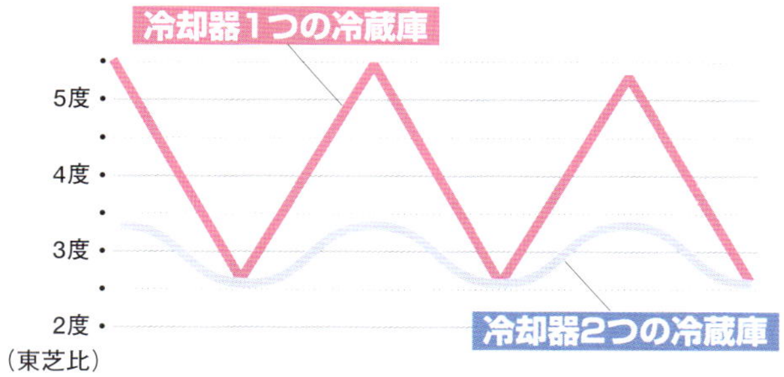

上のグラフは、東芝のツイン冷却（冷却器2つ）とシングル冷却（冷却器1つ）で、周囲温度30度、扉の開閉なしの場合の温度変化を比較したデータ。ツイン冷却では±0.4度で温度が安定している。ただし、気温や食品温度などによって温度が上昇することもある。

●2つの冷却器で温度を安定

冷蔵庫の心臓部ともいえるのが、冷たい空気を作り出す冷却器。通常の冷蔵庫は冷却器が1つなので、冷蔵室から冷凍室など庫内全体を冷やすにはどうしても効率が悪くなり、温度のムラが生じがちです。そこで温度変化を少なくするために冷却器を2つ備えた冷蔵庫が開発され、霜つきを抑えることができるようになりました。

霜のつき方がこれだけ違う

新しい高性能の冷蔵庫では、昔と比べるとどれだけ霜つきに差があるのかを見てみましょう。下の写真は東芝の8年前の冷蔵庫（GR-Y40KC）と新しい冷蔵庫（GR-W45FS）で、冷凍保存4週間後に食品の霜つきを比較したものです。新しい冷蔵庫では霜つきが大幅に減少し、冷凍前と見た目がほとんど変わりません。8年の間に冷蔵庫がいかに進化したかがわかります。

＊霜つきは冷凍前の食品の状態や冷凍室の使用状態などによっても変わることがあります。

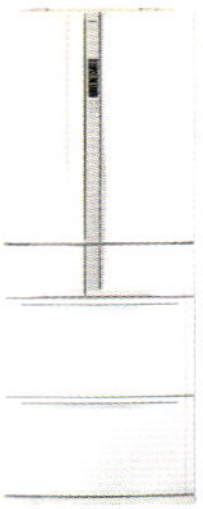

東芝GR-W45FS

8年前の冷蔵庫　→　**新しい冷蔵庫**　（東芝比）

さやいんげん

ひき肉

アイスキャンディー

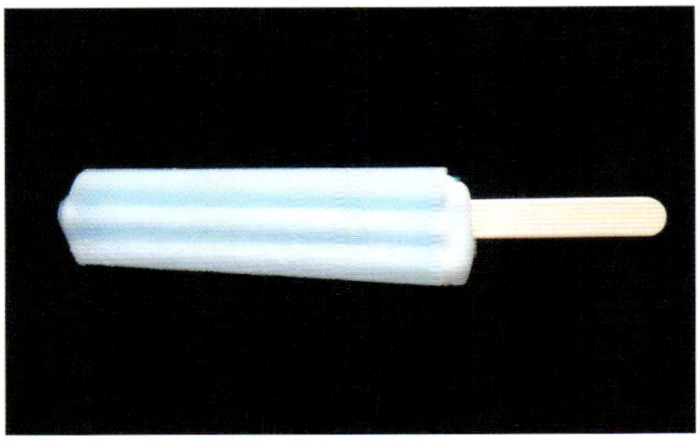

ホームフリージングの保存期間は？

冷凍した食品はどれだけの期間、保存できるのでしょうか。
ホームフリージング派にとっては特に知りたいポイントですが、
いろいろな条件によって大きく違ってくるため、答えを出すのが難しい質問です。

あなたの冷凍法と保存法が試される

冷蔵庫の取扱説明書には、冷凍した食品の保存期間の目安が記載されていることがほとんどです。ところが、この数字はメーカーや機種によってかなり差があります。ある取扱説明書では肉の保存期間が3か月とあるのに、別のものには1か月と書かれていたりします。

これは、ひとつには冷蔵庫の機能や性能が違うためです。冷凍室内の温度変化が少ない性能などを備えた冷蔵庫とそうでないタイプでは、保存期間に差が出てくるのは当然です。また、冷凍した食品の品質は、冷凍前の状態や冷凍の仕方などいろいろな要素によって影響を受けるので、はっきり「何か月まで大丈夫」と保証することができません。

まず、取扱説明書で保存期間の目安を確認してください。そのうえで適切な冷凍法と保存法を守り、食品を長持ちさせるようにしましょう。

冷凍食材の保存期間の目安

ここでは、メーカーの異なる2つの冷蔵庫で、取扱説明書に記載されている保存期間の目安を見てみましょう。たとえば肉類の目安を比べてみると、3倍もの開きがあります。しかし、これはあくまでも目安で、冷凍前の鮮度や冷凍法、冷凍室の使用状況などによっても違います。結局、どれくらい保存できるかは、取扱説明書にある目安を参考に、個々の状況から判断するしかありません。安全性や品質を考慮すると、ホームフリージングした食品は1～2か月以内に使うようにしたほうがいいでしょう。

冷凍室の温度調節

冷凍室の温度は「強」に設定すると、通常よりも低い温度で保存するので、食品の風味が長持ちして保存期間も長くなります。ただ、温度を低く設定すればするほど消費電力は多くなります。冷蔵庫の使い方などにもよりますが、「強」にすると「通常」よりも消費電力は10～15％程度アップします。ふだんは「通常」に設定して、特に長期保存したいものがあるときなどに「強」にするといいでしょう。

弱

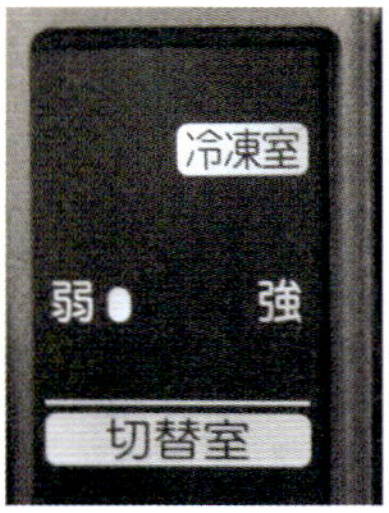

「通常」より
2～3度高くなる

通常
（強と弱の中央）

約－18～－20度

強

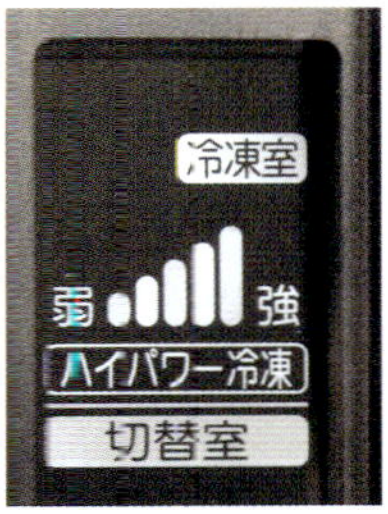

「通常」より
2～3度低くなる

＊上記温度は、周囲温度30度、食品を入れないで扉を閉め、温度が安定したときの測定値です。

おいしさを長持ちさせる冷凍室の使い方

冷凍した食品の保存期間は、冷凍の仕方だけでなく、冷凍室の使い方などによっても違ってきます。本書で紹介している冷凍法を守ったうえで、次のポイントに注意すれば食品の風味を長持ちさせることができます。

●引き出しタイプなら収納は９割までを目安に

食品をぎゅうぎゅうに詰め込むのはよくありませんが、引き出しタイプの場合は、食品容器の周囲に冷気の通り道があるため、9割くらいまで収納しても大丈夫。また、引き出しタイプでは、ある程度、詰めたほうが食品同士の蓄冷効果によって、食品温度が安定します。

●ストックしてある食品のそばに凍っていない食品を入れない

ホームフリージングでは、最初に「一気冷凍」などですばやく冷凍してからストックするのが基本。まだ凍っていない食品を、すでに冷凍してある食品のそばに入れると、ストックしてある食品の温度が上がるので劣化を招きます。

冷凍室は１日に何度開ける？

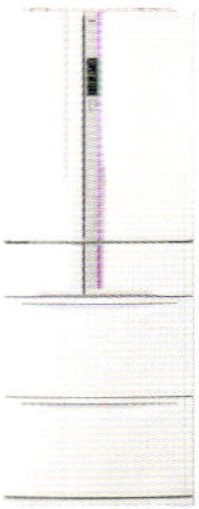

冷蔵室	**32**回
製氷室	**2**回
切替室	**4**回
野菜室	**6**回
冷凍室	**7**回

（東芝調べ）

●冷凍室を頻繁に開閉しない

冷凍室を開けると冷気が外に逃げるので、室内の温度は上昇します。開閉回数が多くなれば、そのたびに温度が上昇するので、食品の劣化につながります。しかも、上昇した温度を下げなければいけないので、消費電力も多くなります。冷凍室の開閉はなるべく少なくして、長時間開けたままにするのも避けましょう。

切替室を使いこなして冷凍上手！

**最近の大型冷蔵庫は「切替室」を装備したものが多くなっています。
温度帯を切り替えることによって、冷凍から冷蔵まで何段階かに設定できるので、
用途に合わせて自由自在に使うことができます。**

わが家流の使い方で選択の幅が広がる

「切替室」とは、用途に合わせて温度帯の切り替えができる部屋のこと。冷蔵、パーシャル、冷凍など、いくつかの温度帯に設定できるため、１人何役も務めてくれる使い勝手のよい部屋です。

たとえば、ホームフリージングや冷凍食品をよく利用する家庭なら、ふだんは「冷凍」に設定しておけば、それだけ冷凍スペースを増やすことができます。冷凍ストックが少ないときは、「チルド／冷蔵」に切り替えれば乳製品などいろいろな食品を保存できるので大助かりです。

また、セールで肉や魚をまとめ買いしたようなときに、「パーシャル」に設定すれば肉や魚を長持ちさせることができます。さらに長い期間保存したいのであれば、「ソフト冷凍」を選んで、調理しやすい硬さに凍らせておくことも可能です。

ライフスタイルに合わせて、また時と場合に応じて自由に使うことができる切替室。上手に使い分けて、節約やスピード調理に生かしましょう。

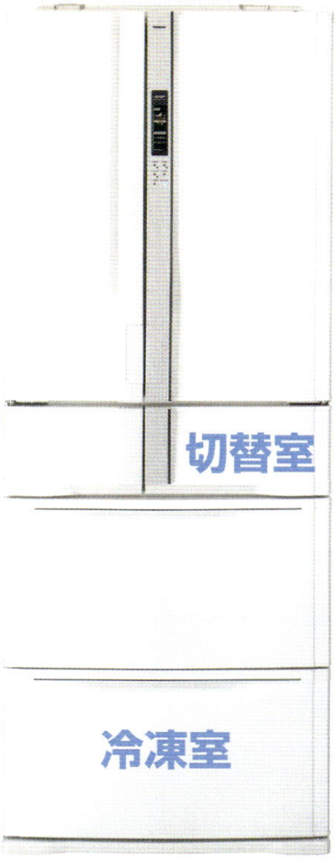

写真／東芝 GR-W45FS

●切替室を利用して冷凍スペースを広くする

冷凍室

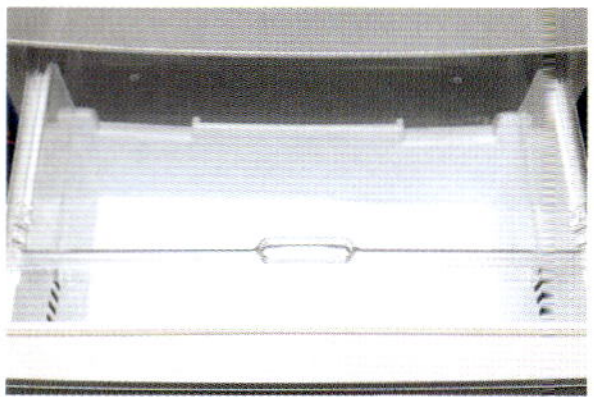

切替室 冷凍

■容量453ℓの冷蔵庫の場合

切替室を「冷凍」に設定すると、冷凍スペースが約20％もアップします。

90ℓ(62ℓ)＋18ℓ(13ℓ)＝108ℓ(75ℓ)

（　）内は食品収納スペースの目安
＊切替室の位置や機能はメーカーや機種によって違います。

ホームフリージングで切替室 冷凍 を利用するとき

本来の冷凍室と違って、切替室には強力な冷気で食品を一気に凍らせる機能はありません。ホームフリージングをするときは、最初から切替室で冷凍するのではなく、まず冷凍室で急速に凍らせるのがおすすめです。その後、冷凍設定した切替室で食品を保存しましょう。

なお、「冷凍」に設定した場合でも、すぐに切替室の温度が下がるわけではありません。30分程度たってから、冷凍した食品を保存するようにしましょう。

●切替室の使い方

切替室の温度帯や機能はメーカー、機種などで違いますが、ここでは４段階に切り替えられるタイプのものを紹介します。

切替パターン❶

チルド／冷蔵……約0～1度

乳製品や加工品など幅広く保存

チーズやヨーグルト、バター、納豆など、発酵が進みやすい食品や乳製品などを保存するのに適した温度帯です。肉や魚、加工品など、冷蔵室に収まらない食品を入れておくこともできます。ただ、水分の多い食品を入れた場合、凍ることもあります。

切替パターン❷

パーシャル………約－3度

微凍結で生ものの鮮度をキープ

食品を微凍結させる約－３度くらいの温度帯です。肉や魚は微凍結しても肉質の変化が少ないので、「チルド／冷蔵」よりも長く保存できて、しかも、おいしさをキープすることができます。刺し身などのように鮮度の気になる食品の保存にも最適です。

切替パターン❸

ソフト冷凍………約－9度

硬く凍らせないので調理がラク

「チルド／冷蔵」や「パーシャル」よりも保存性が高いので、肉や魚など凍結してもよい食品を２～３週間くらい保存しておきたいときに適しています。「冷凍」と比べると保存期間は短くなりますが、硬く凍らないので調理・加工しやすいのが特徴。

切替パターン❹

冷凍……………約－17度

冷凍食材のストックに利用

ホームフリージングした食材、まとめ買いした冷凍食品などの保存に利用します。ホームフリージングの場合は、冷凍室で急速に冷凍してから切替室で保存を。なお、－18度以下での保存が必要なアイスクリームは、冷凍室に入れるようにしましょう。

冷蔵庫の買い替えチェックポイント

**冷蔵庫の使用年数は平均すると10年程度。
それだけ長く使うものなので、買い替えるときは慎重に選びたいものです。
どんな点に注意したら失敗しないのか、賢い買い買い替えのポイントを紹介します。**

チェックポイント❶

大きさはどの程度がベスト？

冷蔵庫の容量が大きくなれば、それだけ消費電力量も多くなるので電気代がかさみます。かといって、小さめのものにすると、食品を収納しきれなくて無駄にしてしまうこともあるかもしれません。

容量をどれくらいにするかは、基本的に家族の人数をもとに考えます。ただ、育ち盛りの子どもが多いか、お年寄りがいるか、来客が多いかなど、いろいろな条件によっても違ってきます。また、冷蔵庫は長く使うものなので、5年先の家族構成の変化なども頭に入れて容量を選びましょう。

容量の目安＝70ℓ×家族の人数＋常備品100ℓ＋予備スペース70ℓ

例❶ ４人家族［夫婦、子ども２人］の場合

70ℓ×４＋100ℓ＋70ℓ＝450ℓ

同じ４人家族でも、子どもがまだ小さい場合は、これから育ち盛りを迎え、お弁当作りなどでホームフリージングやまとめ買いを利用することも多くなります。少しゆとりのある容量にしたほうが安心です。

例❷ ２人家族［夫婦２人］の場合

70ℓ×２＋100ℓ＋70ℓ＝310ℓ

いまは夫婦２人でも、これから子どもが誕生する家庭の場合は、それを見込んでもう少し容量の大きい冷蔵庫を買ったほうがいいでしょう。一方、年配の夫婦であれば、上記の容量で十分と考えられます。

部屋別の容量もチェック

全体の容量だけでなく、冷蔵室、冷凍室、野菜室など、各室の容量もチェックしましょう。たとえばホームフリージングをよく利用するのなら冷凍室が広いタイプ、野菜をまとめ買いする家庭なら大きな野菜室のあるタイプを選びます。

チェックポイント❷

電気代はどれくらい違う？

冷蔵庫の電気代は外気温などの使用環境、使い方などによっても違ってきます。目安としては、下記の計算式で年間の電気代を計算します。

最近、「省エネ基準達成率」という言葉をよく目にしますが、これは省エネ法に定められた2010年度基準に対する達成率を示すものです。%の数値が大きいほど省エネ性が高くなるので、それだけ消費電力量も少なくなります。冷蔵庫の値段は多少高くても、数年間の電気代を考えると、省エネタイプのほうがお得なことが多いので、この点もチェックしましょう。

年間電気代の目安 ＝ 年間消費電力量 ×22円（1kWhあたりの電気料金）

↓

冷蔵室のドア内側の品質表示ラベルやカタログなどに記載

＊1kWhあたりの電気料金は電力会社で多少違いますが、(社) 全国家庭電気製品公正取引協議会で取り決めしている目安は22円です。

●省エネ基準達成率による電気代の違い

容量がほとんど変わらない2つの冷蔵庫で、電気代を比べてみました。

省エネ基準達成率	容量	年間消費電力量	年間電気代
90％	402ℓ	550kWh	**12,100**円
68％	407ℓ	760kWh	**16,720**円

電気代は1年間で**4,620**円も違う

チェックポイント❸

生活スタイルに合うタイプは？

冷蔵庫の機能や形状などについては、家庭によって重要視するポイントが違います。たとえば、いつも残り物が多くラップして保存している家庭なら、冷蔵室が高湿度でラップなしでもOKのタイプが便利でしょう。晩酌で水割りを楽しむ人なら、スピード製氷機能があって除菌もできる製氷室がうれしいはず。また、キッチンのインテリアに合うカラーや形のものがほしいという人もいるでしょう。

冷蔵庫は頻繁に買い替えるものではないので、買ってから後悔はしたくないもの。家族の希望をリストアップして、どのポイントを優先するかをよく考えたうえで、わが家にふさわしいタイプを選びましょう。

●ドアの開き方も要チェック

冷蔵庫を置く場所によって、使いやすいタイプを選びましょう。

右開き●冷蔵庫の右側が壁の場合に使いやすい

左開き●冷蔵庫の左側が壁の場合に使いやすい

フレンチドア（両開き）●壁の位置には関係ない

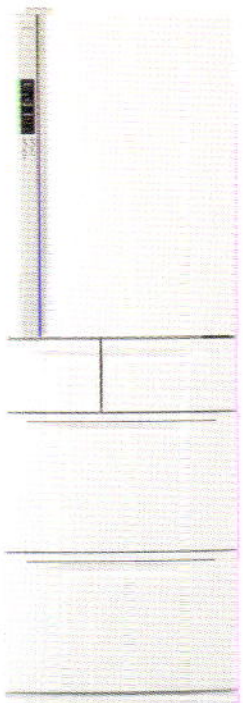

右開きタイプ

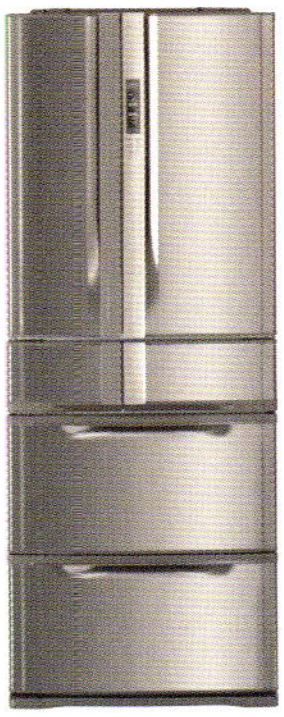

フレンチドア（両開き）タイプ

そのフリージング、ここが間違ってます!

ホームフリージングの失敗は、ほとんどが「正しい冷凍手順を知らない」ことに原因があります。基本をきちんとマスターすれば、冷凍前と変わらない風味や食感を残すことができます。あなたの冷凍法は大丈夫ですか?

ケース❶

ごはんがパサパサになった!

ここが問題!

ラップだけで冷凍保存していませんか?

冷凍したごはんを解凍したら、パサパサでおいしくないという場合、もっとも考えられるのがラップだけの手抜き冷凍です。「ラップに包んだら、そのまま冷凍室に入れても大丈夫」と思っている人が多いようですが、これは大きなカン違い。実際は、ラップやふつうのビニール袋だけでは、空気やにおいを通してしまうため、食品が乾燥して味も落ちてしまいます。

ごはんを冷凍するときも、熱いうちにラップで薄く平らに包み、冷めてから急速に凍らせて冷凍用保存袋に密封するのが基本。この手順を守れば、パサパサになることもなく、炊きたてと変わらないふっくらごはんが味わえます。

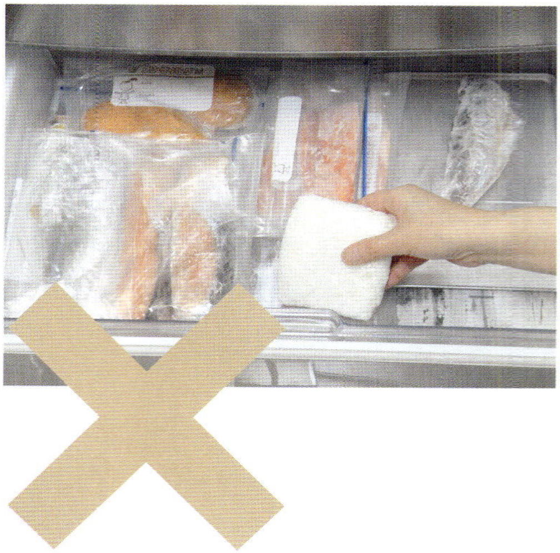

ケース❷

コロッケを揚げたら破裂した!

ここが問題!

溶けかかった状態で揚げていませんか?

冷凍コロッケを揚げているときに、破裂して中身が出てしまうことがあります。油がはねて危険なうえに、これでは見た目も味も台無しです。

まずチェックしたいのが、霜がついていなかったかということ。コロッケは凍ったまま揚げるので、霜がついていると油が盛大にはねて破裂につながります。冷凍食材に霜がつくのは、室内の温度変化が大きな原因です。冷凍室の温度を安定させるために、頻繁に開けたり、開けっ放しにしたりするのは避けましょう。

また、意外に多いのが、冷凍室からコロッケを取り出して、しばらく置いてから揚げるケース。ほかの調理に手を取られて、つい揚げるまでに時間がたってしまうことがありますが、溶けかけた冷凍コロッケを揚げるのは破裂のもと。必ず凍った状態で揚げるようにしましょう。表面が溶けかけているときは、パン粉をつけ直してから揚げるのがおすすめです。

ケース❸

たけのこが筋っぽくなった!

ここが問題!

厚切りでゆっくり冷凍していませんか?

たけのこは繊維が多いので、厚く切って冷凍すると筋っぽくなってしまいます。生のたけのこは、ゆでてから薄切りにして冷凍するのが基本です。さらに細切りにして冷凍すれば、炒め物や炊き込みごはんの具などに使えるので便利です。細切りにしたたけのこは、しょうゆとみりん、だし汁で煮てから冷凍する方法もあります。

たけのこが筋っぽくなる原因として、もう一つ考えられるのが急速に凍らせなかった場合。冷凍用保存袋に入れた食品をただ冷凍室に入れると、凍るまでに時間がかかります。ゆっくり凍ると食品内の水分が大きな氷になって、細胞を破壊してしまうため、食感が悪くなりがちです。

たけのこの風味や歯ざわりをキープするためには、できるだけ短時間で凍らせることがコツ。ラップに包んで、熱伝導率の高い金属製トレイにのせ、冷凍室の温度を強にして一気に凍らせるようにしましょう。

ケース❹

肉を解凍したらドリップがいっぱい出た！

ここが問題！

パックのまま冷凍室に入れていませんか？

肉や魚などを解凍したときに出る汁（ドリップ）には、うまみや栄養成分が含まれています。そのため、フリージングをするときは、このドリップをいかに少なくするかが大きな課題です。

肉を解凍したときにドリップが多かった場合、よくあるのがパックのまま冷凍したというケース。肉のパックに使われている発泡スチロールなどのトレイは断熱効果があるので、凍るまでに時間がかかります。その結果、氷の粒が大きくなって組織を傷つけるので、解凍したときにドリップが多くなってしまうのです。

肉を冷凍するときは、パックから出してラップで包み、熱伝導率の高い金属製トレイにのせて、一気に凍らせるようにします。短時間で凍らせると氷の粒が小さくなるので、解凍したときにドリップが少なく、それだけ味も栄養もキープできます。

ケース❺

あじを塩焼きにしたら生ぐさい！

ここが問題！

下処理のあと、水気をふきましたか？

冷凍した魚を解凍したら「生ぐさい」というときはいろいろな理由が考えられますが、冷凍の段階で問題になるのが下処理の際の不手際です。

あじのような一尾魚は基本的に腹ワタを取り除き、水で腹の中までよく洗います。その後、ペーパータオルで水気をしっかりふき取ってから冷凍します。この作業をきちんとやらないと、生ぐささが残ってしまいがちです。特に水気が残ったまま冷凍すると、霜つきの原因になり、解凍したときに生ぐさい水分が出てくるので注意しましょう。

そのほかにも、以下のような理由が考えられます。

- 冷凍前の鮮度が悪かった
- パックのまま冷凍した
- 金属製トレイを使って急速に凍らせなかった
- 冷凍用保存袋に入れず、ラップだけで冷凍保存した
- 冷凍用保存袋の空気を抜かなかった
- 冷凍室の温度が安定しなかった

ケース❻

野菜がグチャグチャになった！

ここが問題！

冷凍前に加熱しすぎていませんか？

野菜は基本的にさっとゆでてから冷凍します。これは「ブランチング」といって、酸化を促進する酵素の働きをストップするために行うものです。野菜を生のまま冷凍すると、この酵素が解凍の際に活性化し、色や風味などを変化させてしまいます。

野菜の冷凍でいちばん多い失敗が、このブランチングです。さっとゆでるだけでいいのですが、調理感覚でつい加熱しすぎてしまうケースが多く見られます。その結果、解凍したときにグチャグチャ状態になったり、色が変わったりしてしまうのです。

特に、ほうれんそうなどの青菜は、ゆですぎになりやすいので要注意です。ゆでるというよりは、熱湯にくぐらせるくらいのつもりでブランチングすること。ピーマンのように鮮やかな緑の野菜も、加熱しすぎると色が悪くなるので気をつけましょう。

プラスα アドバイス

市販冷凍食品の上手な買い方・使い方

市販されている冷凍食品は、野菜のブランチングなどの下処理から急速冷凍まで、きちんと工程を踏んで作られているので、品質については安心できます。でも、保存や管理の仕方が悪いと、品質の低下を招きます。おいしさを保つための買い方・使い方を見てみましょう。

ステップ 1 こんな店で買う
店の冷凍管理をチェック

まず、冷凍食品のショーケースに設置されている温度計を見てみましょう。－18度以下になっているならＯＫ。また、商品がカチカチに凍っていて、パッケージの内側に霜がほとんどついていなければ合格です。これは、常時－18度以下で保存して、きちんと管理しているという証拠。店によって管理方法は違うので、この点をチェックして買う店を選びましょう。

ステップ 2 こう持ち帰る
少しでも溶かさない工夫を

冷凍食品は買い物の最後に購入して、長く持ち歩かないようにします。帰宅するまで時間がかかるときは、保冷剤などを使うのがベストですが、新聞紙などで包んでから買い物袋の中央に入れてほかの品物で囲むようにすると、溶けるのをある程度防ぐことができます。冷凍食品を一度に複数買うのも有効。互いに保冷剤のような役目を果たすので、溶けにくくなります。

ステップ 3 この利用法を守る
適切な保存で長持ちさせる

市販の冷凍食品はパッケージがしっかりしているので、つい冷凍室にぎっしり詰め込みがちです。食品と食品の間にある程度の余裕がないと、冷気の流れが悪くなるので気をつけましょう。開封後の保存にも気をつけたいもの。食品の一部を使い、残りを長時間出しっぱなしにしていると食品が溶けてくるので、冷凍室に戻すと再冷凍になって品質が劣化します。また、袋の口を輪ゴムなどで止めてそのまま冷凍室に戻すと、乾燥したりにおいが移ったりするので注意。使い残した分は必ず冷凍用保存袋に入れてから保存しましょう。

冷凍室の収納

食品と食品の間で冷気の流れがよくなるように、詰め込みすぎないでゆとりを持って収納を。

開封後の保存

開封したものは袋から空気を抜いてしっかり口を閉じ、冷凍用保存袋に入れてから冷凍室に戻す。

冷凍食品の解凍

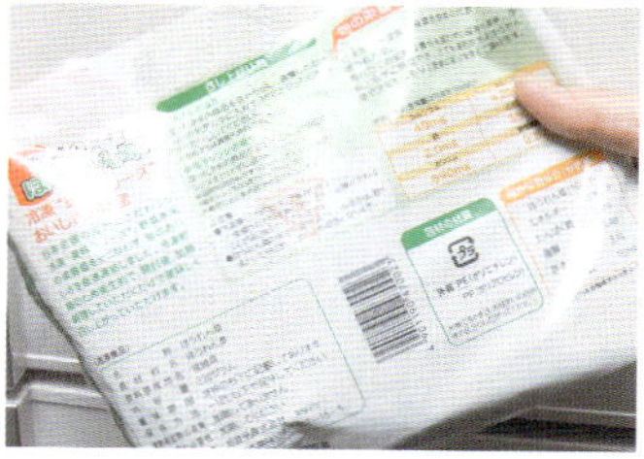

電子レンジで適当に加熱するのは失敗のもと。解凍は必ずパッケージの表示通りに行うこと。

素材別レシピ インデックス　RECIPE INDEX

各項目内の素材名は50音順、レシピは掲載順です。

冷凍素材を使った料理

素材別レシピ　インデックス

果物

卵・乳製品・大豆製品

穀類

冷凍におすすめの料理

肉類

豚肉

牛肉

鶏肉

ひき肉

岩﨑啓子
いわさき・けいこ

料理研究家・管理栄養士。聖徳栄養短期大学卒。同大学研究室助手などを経て料理研究家として独立。書籍、雑誌、メニュー開発などを通して、栄養学に基づいた健康料理から、冷凍を利用した手軽な家庭料理まで、多彩なレシピを提案している。著書・監修書『カラダ快調！食べもの栄養事典』（日本文芸社）、『炊飯器ひとつで！たちまちCooking』（河出書房新社）など多数。

無駄なくスピード・クッキング！
冷凍保存節約レシピ

著　者　岩﨑啓子
発行者　西沢宗治
印刷所　玉井美術印刷株式会社
製本所　株式会社越後堂製本

発行所　株式会社日本文芸社
〒101－8407　東京都千代田区神田神保町１－７
TEL　03-3294-8931（営業）　03-3294-8920（編集）
URL　http://www.nihonbungeisha.co.jp/
振替口座　00180-1-73081

Printed in Japan 112070610-112091009Ⓝ26
ISBN978-4-537-20571-8

（編集担当：亀尾）

取材・撮影協力
東芝コンシューママーケティング株式会社
お問い合わせ先／0120-1048-86（東芝家電ご相談センター）
URL　http://www.toshiba.co.jp/living/

装幀／本文デザイン●高坂デザイン事務所
写真●木村　純（日本文芸社）
スタイリング●株式会社サンクアール（小谷直美）
料理アシスタント●加藤桜子、大塚恵理子、上田浩子、鈴木麻里子
編集協力●株式会社フロンテア